Ginette Messiaen
Hélène Nguyen Gateff

Nous, les **enfants** de 1924

De la naissance à l'âge adulte

Éditions Wartberg

Mentions légales

Crédits photographiques :

Archives personnelles, p. 4-8, 11b, 12, 16, 19-21, 23, 27, 29, 30b, 32, 36, 38, 40, 44, 46-47, 51b, 52-55, 57, 60, 63h. Archives de la famille de Gaëlle Lebrun, p. 24, 34, 39, 49-50, 51h, 58.
© Picture-alliance / dpa, p. 10, 59 ; Picture-alliance / akg-images, p. 9, 15, 33, 35, 43, 56 ; Picture-alliance / maxppp, p. 13 ; Picture-alliance / united archives / Topfoto, p. 14, 41 ; Picture-alliance / maxppp / Delius / Leemage, p. 22 ; Picture-alliance / maxppp / Selva / Leemage, p. 30h ; Picture-alliance / Mary Evans Picture Library, p. 37.
© Ullstein bild, p. 18, 63b ; Ullstein bild – Imagno, p. 42.
© Roger-Viollet, p. 25, 31 ; Albert Harlingue / Roger-Viollet, p. 11h, 62 ; Laure Albin-Guillot / Roger-Viollet, p. 26 ; Bibliothèque Marguerite Durand / Roger-Viollet, p. 45 ; René-Jacques / BHVP / Roger-Viollet, p. 48 ; LAPI / Roger-Viollet, p. 61.

Nous remercions tous les ayants droit pour leur aimable autorisation de reproduction.
Dans le cas où l'un d'eux n'aurait pu être joint, une provision de droits est prévue.

Les auteures tiennent à remercier très chaleureusement pour leur aide, leurs conseils, leurs récits, leur patience et leur précieux soutien Anne Gateff, Cang, Margot et Olivier Nguyen, Cécile Gateff, Claire Ferrez, Emmanuelle et Arnauld Messiaen, Gaëlle Lebrun et André Pustlel, Geneviève Carlier, Jacqueline Puysegur, Jany et Roger Gateff, Jean-Paul Caracalla, Mona Al Chalabi, Monique Rodet et la famille Tuech.

3e édition, 2013

Un département de
Wartberg Verlag GmbH & Co. KG.
Im Wiesental 1
34281 Gudensberg-Gleichen
Allemagne

Conception graphique : Ravenstein & partenaires, Verden.
Imprimé en Allemagne sur les presses de Thiele & Schwarz, Kassel.

ISBN : 978-3-8313-2524-5

Préface

Chers enfants de 1924,

Nous qui sommes nés en 1924, nous avons navigué sur trois siècles. Nos parents étaient du XIXe, dont on dit qu'il s'est vraiment terminé à la fin de la première guerre mondiale. Puis, nous avons traversé le XXe, et nous voici déjà arrivés au XXIe !

Enfants, nous n'avions pas le droit de parler à table… Et aujourd'hui, nous avons parfois du mal à en placer une face à nos petits- ou arrière-petits-enfants. À cette époque, les divorces étaient rares et fort mal vus ; les mariages mixtes, une curiosité. Quant à l'avocat – le fruit, pas l'homme de loi –, c'était un aliment exotique rarissime.

Au fil des années, notre vie s'est vue profondément transformée par des changements radicaux. En toute modestie, notre génération est le témoin privilégié de stupéfiantes évolutions dans les modes de vie. Un grand nombre d'entre nous avons grandi sans chauffage, ni eau courante, ni téléphone, ni voiture, ni lunettes, et aucun d'entre nous n'avait d'antibiotiques.

Au moment où nous faisions notre entrée dans l'âge adulte, le monde basculait dans le chaos. Nous avons connu la peur et la faim, perdu des parents, des frères et sœurs, des amis. Nous avons découvert que les hommes étaient capables d'une barbarie dont nous ne soupçonnions pas le millième de l'ampleur. Mais nous avons aussi côtoyé des héros anonymes, des gens d'un courage et d'une générosité admirables.

Et nous sommes là aujourd'hui, bon pied bon œil, parfois sur des jambes fatiguées, mais debout. Car notre désir de partager notre expérience avec les « jeunes » de notre âge comme avec les nouvelles générations est vif.

Nous espérons que chacun se retrouvera dans ces quelques lignes, qu'il soit né au XXe ou au XXIe siècle. Car au fond, quand nous parlons avec nos petits-enfants et nos petits voisins, nous constatons qu'ils ont les mêmes joies et les mêmes chagrins que les nôtres, même s'ils les formulent si différemment qu'il nous faudrait parfois des sous-titres ! Quoique ce ne soit pas toujours le cas. « Il est trop ! » était déjà une expression à la mode dans notre jeunesse. Et croyez-nous si vous voulez, le « daron » ne date pas d'hier !

Ginette Messiaen   Hélène Nguyen Gateff

Démarrage sur **les chapeaux de roue**

Maman jeune fille.

La sagesse de Margot

Le bébé de 1924 naît à la maison, avec l'aide d'une sage-femme. La parturiente reste une bonne semaine au lit et se nourrit d'aliments riches pour que son lait soit abondant et nourrissant. Contrairement à ce que l'on peut penser aujourd'hui, la natalité n'est pas très élevée dans la France de l'époque. La première guerre mondiale a en effet emporté plus d'un homme français sur dix.

Chronologie

Janvier 1924
Lénine meurt.

Février 1924
Alexandra David-Néel est la première Européenne à entrer dans Lhassa, au Tibet.

25 mai 1924
Le Cartel des gauches est élu aux élections législatives ; le radical Édouard Herriot devient président du Conseil.

Juin 1924
Grâce à l'Indian Citizenship Act, les Amérindiens accèdent à la citoyenneté américaine.

Novembre 1924
Les cendres de Jean Jaurès sont transférées au Panthéon.

1925
Le cinéaste allemand Fritz Lang tourne *Metropolis.*

1925
Candidat à l'élection présidentielle américaine, Herbert Hoover est l'un des premiers à utiliser la radio pour transmettre ses idées ; ses conférences radiophoniques jouent un grand rôle dans le développement de la radiodiffusion.

Janvier 1925
À la suite de l'affaire Matteotti, l'assassinat d'un opposant au fascisme par les milices squadristes, Benito Mussolini annonce le début de la dictature en Italie.

Mars 1925
Blaise Cendrars publie *L'Or.*

Juillet 1925
La France évacue la Ruhr.

1926
Le Français Aristide Briand et l'Allemand Gustav Stresemann reçoivent le prix Nobel de la paix.

1926
Un Suisse nommé Jean Lindner remporte la première édition de la course Strasbourg-Paris à la marche en moins de 79 heures.

11-26 janvier 1926
À la Royal Institution de Londres, un ingénieur écossais, John Logie Baird, fait les premières démonstrations du fonctionnement d'une télévision.

12 mars 1926
En France, Messali Hadj fonde l'Étoile nord-africaine, une association prônant l'indépendance de l'Algérie, alors département français depuis 1848.

Décembre 1926
Hiro-Hito devient empereur du Japon.

Premier prix d'élégance.

On compte en moyenne deux enfants et demi par femme, c'est-à-dire guère plus qu'aujourd'hui. Et si la mortalité infantile a beaucoup diminué depuis la fin de la guerre, près d'un enfant sur dix meurt avant d'avoir atteint un an.

Durant les Années folles, l'hygiène et les soins ne cessent de progresser. En 1925, le célèbre Louis Devraigne, médecin chef de la maternité de l'hôpital Lariboisière, réalise un film muet intitulé *La Future Maman,* qui fait découvrir au grand public, à travers neuf leçons de puériculture, les principes élémentaires d'hygiène nécessaires aux soins du

Papa dans une tranchée vers 1916.

nourrisson. On y voit la jeune Margot, grande sœur avisée d'un nouveau-né, expliquer à sa mère et à une voisine âgée les bons préceptes que son institutrice lui a enseignés. La voisine, paysanne pétrie d'idées de l'ancien temps, mani-feste son étonnement mais finit pas se laisser convaincre.

Le lit-berceau de bébé est surélevé, ce qui lui permettra d'échapper à l'appétit d'éventuelles bêtes affamées et, surtout, aux courants d'air. Si le nom de « berceau » demeure, le lit est désormais stable sur ses quatre pieds, et plus question de bercer bébé comme autrefois : il lui faut du calme et de l'immobilité. En hiver, une boule chaude enveloppée dans un linge réchauffe le petit lit.

« Le cœur et le lait d'une mère ne se remplacent jamais », explique le professeur Pinard de l'Académie de médecine. Les bienfaits de l'allaitement maternel sont encensés. Mais pas question pour bébé de manger à la demande : les médecins recommandent de le mettre à téter à heure fixe, toutes les trois heures, pour le régler. « Les enfants réglés dès le début sont des enfants sages », explique-t-on à nos mères. Celles-ci peuvent être remplacées, pour l'allaitement, par une nourrice. Mais gare : une nourrice ne doit ni manger de gibier, ni boire d'alcool, car ces substances seraient mauvaises pour son lait. L'alimentation mixte, biberon et lait maternel, fait son entrée.

En cas de petit coup de froid, nos mères confectionnent un cataplasme à base de farines de lin et de moutarde. On enveloppe cette pâte dans un linge qu'on nous dépose sur la poitrine pour la décongestionner.

Le bébé de 1924 est encore souvent emmailloté au niveau des jambes. Dans les campagnes reculées, il a aussi les bras enserrés dans un maillot, de peur des malformations. On pense qu'ainsi immobilisé, l'enfant poussera droit.

La plupart d'entre nous, bébés des années 1920, ressemblons ainsi à de petites momies aux bras mobiles. On nous transporte comme des polochons.

… et ils se marièrent.

Maillot, culotte et barboteuse

Louis Devraigne, également auteur du célèbre livre *Pour les futures mamans*, recommande le maillot parce qu'il tient chaud. Plusieurs couches de langes et de brassières sont savamment superposées. Les langes sont fixés par la fameuse épingle à nourrice. La petite tête ne sort jamais sans être couverte d'un bonnet. Côté layette, notre génération innove avec l'apparition de couleurs différenciées : rose pour les filles, bleu pour les garçons.

Autres nouveautés chez les chérubins des Années folles : le tricot, plus souple que le tissu des langes, et surtout la barboteuse, sorte de combinaison à culotte bouffante, plutôt réservée aux garçons. Notre génération est la première

Une beauté des Années folles.

à avoir porté des sous-vêtements Petit Bateau. Quatre ans avant notre naissance, Étienne Valton a déposé la marque, dont le nom est inspiré par le refrain « Maman, les petits bateaux qui vont sur l'eau ont-ils des jambes ? ». Car la grande nouveauté de cette culotte Petit Bateau est qu'elle n'a pas de jambes.

Dès qu'ils grandissent un peu, garçons et filles, indifféremment, portent des robes ; et pour ceux qui ont des boucles, de longues anglaises. Les garçons ne passent à la culotte courte qu'à l'âge de 5 ou 6 ans.

Ce sont principalement nos mères qui veillent sur nous durant ces premières années. Certes, depuis la fin du siècle précédent et la guerre de 1914-1918, les femmes sont de plus en plus actives et, à la campagne comme en ville, elles sont nombreuses à travailler. Mais au total, les deux tiers d'entre elles restent à la maison, proportion qui monte à quatre sur cinq pour les femmes mariées. Certains d'entre nous sont confiés à une crèche, d'autres à une nounou, anglaise dans les familles les plus fortunées.

Paris, capitale mondiale du sport.

Virage à gauche et festivités sportives

En 1924, la France s'engage dans un tournant politique. Le 11 mai, le Cartel des gauches remporte les élections législatives, mais seulement avec une majorité relative. Il ne se maintient au pouvoir qu'un peu plus de deux ans. Fruit de l'opposition au Bloc national de Raymond Poincaré, le Cartel des gauches réunit le Parti républicain socialiste, le Parti radical et la SFIO. Ce dernier parti soutient le nouveau gouvernement, mais n'y participe pas. La coalition défend la laïcité, promet une amnistie pour les délits politiques et les syndicalistes ainsi que pour les soldats condamnés pendant la guerre. En outre, il milite pour un rapprochement avec l'Allemagne, ce qui vaut d'ailleurs à Aristide Briand et à Gustav Stresemann de recevoir conjointement le prix Nobel de la paix en 1926. Trois présidents du Conseil se succèdent : Édouard Herriot, Paul Painlevé et Aristide Briand. Le 29 octobre 1924, la France reconnaît l'Union soviétique et un mois plus tard, une ambassade soviétique est ouverte à Paris. Pour ce qui est de la défense de la laïcité, le gouvernement renoncera à deux mesures qu'il avait inscrites dans son programme : la fermeture de l'ambassade de France au Vatican et la fin du Concordat en Alsace-Lorraine. Dès l'automne 1924, le gouvernement subit des pressions sur sa droite et sur sa gauche, sous la forme de manifestations organisées par les partis d'opposition et les mouvements catholiques. Alors que la dette publique est importante, on assiste à une fuite des capitaux. Une révolte anticoloniale gronde au Maroc, en Syrie et au Liban. Parenthèse festive toutefois, les Jeux olympiques d'été de 1924 ont lieu à Paris en juillet. Ils attirent plusieurs dizaines de milliers de spectateurs venus assister aux performances sportives de quarante-quatre nations. L'Allemagne n'est pas invitée à participer.

Un embouteillage.

Premiers croûtons de pain et sorties en landau

Après le lait maternel et le lait maternisé, nous passons peu à peu à la nourriture de grands. À la maison, la pomme de terre occupe une place de choix dans nos assiettes : nous en mangeons quasiment tous les jours. Les légumes secs sont également souvent au menu. La viande, en revanche, est plus rare, et il s'agit surtout de porc. Bien sûr, le pain accompagne tous les mets et notre premier aliment solide est souvent un croûton sur lequel nous nous faisons nos premières dents.

Pour la promenade, les plus chics d'entre nous ont la chance de disposer d'un moyen de locomotion individuel : un landau ! C'est souvent un objet que l'on se transmet d'un membre de la famille à l'autre. Mais les nouveaux modèles fabriqués à notre époque gagnent en confort et en élégance. Ils sont plus bas, plus profonds et de couleur sombre.

À Paris, des logements sociaux à la place des « fortifs ».

À la maison, le confort est souvent rudimentaire. Si l'arrivée d'un bébé, en soi, accentue encore un peu le manque de place, elle intervient alors en plus dans une crise aiguë du logement. Au sortir de la guerre, qui a entraîné un grand nombre de destructions, une loi sur les locations vise à protéger les locataires en limitant les hausses de loyer. Cette mesure a pour contrepartie que l'entretien des immeubles anciens et la construction de logements locatifs ne sont guère stimulés.

Nous partageons donc notre chambre avec nos parents, parfois notre grand-mère et le plus souvent nos frères et sœurs. À Paris, on démolit les « fortifs », ces anciennes fortifications le long desquelles s'étaient développés des taudis. À la place, on construit des ILM (immeubles à loyers modérés) et HBM (habitations bon marché). Les appartements y sont petits et le mobilier doit s'adapter. Le cosy, ce fameux « lit-canapé », fait son apparition, et le lit pliant ne tardera pas à voir le jour.

À la noce dans les années 1920.

Le premier roman d'une jeune écrivaine pleine de talent

En février 1926, Irène Némirovsky publie son premier roman, Le Malentendu, *dans la revue* Les Œuvres libres *éditée par les éditions Fayard. Le parcours et le talent de cette jeune écrivaine surprennent la critique.*
Née en Ukraine – qui fait alors partie de l'Empire russe – en 1903, dans une famille juive fortunée, il lui arrive de passer ses vacances d'été au Pays basque ou sur la Côte d'Azur, et son éducation est confiée à une gouvernante française. En 1919, sa famille fuit le régime bolchevique russe et se réfugie en Finlande, en Suède puis en France.
Irène Némirovsky commence à écrire dès l'âge de 14 ans, et rédige Le Malentendu *alors qu'elle n'a que 18 ans. Elle obtient ensuite une licence de lettres à la Sorbonne. Outre le français et le russe, elle parle couramment le polonais, l'anglais, le basque et le finlandais, et comprend le yiddish.*
Dans Le Malentendu, *elle évoque les blessures des jeunes soldats rescapés de la première guerre mondiale, le déclassement et les vacances que les plus favorisés passent au bord de la mer. Les amours d'Yves et de Denise, femme mariée et oisive, sont dépeintes avec une lucidité et une maturité impressionnantes chez une si jeune femme. Le roman se termine sur cette belle phrase : « Voilà, voilà c'est fini… Et je n'ai pas su que c'était le bonheur… Et à présent c'est fini… » Sous les traits de Denise, on découvre également un archétype de la femme des années 1920 : « La taille souple et robuste qu'ont seules les jeunes femmes d'à présent qui n'ont jamais porté de corset… »*

Génération 1924.

La fée électricité

La fée électricité s'est certes penchée sur certains de nos berceaux, mais pas sur tous : en 1925, seules 40 % des communes françaises, majoritairement urbaines et industrielles, en sont équipées. C'est trois fois plus qu'avant la guerre, mais le fossé qui sépare villes et campagnes reste important.

Avec l'électricité, les premiers appareils électroménagers font leur apparition : nous sommes de la même génération que les tout premiers aspirateurs, cireuses à parquet, machines à laver et réfrigérateurs. Mais les parents ou amis équipés se comptent sur les doigts d'une main.

Le coup de fil est dans le coup.

Lors de nos sorties nocturnes, du fond de notre landau, nous pouvons voir des réverbères à gaz, que l'électrification n'a pas fait disparaître : il faudra attendre le milieu des années 1960 pour que le dernier bec de gaz tire sa révérence.

Pour annoncer la bonne nouvelle de notre naissance ou de notre première dent, certaines familles peuvent utiliser une machine absolument merveilleuse : le téléphone. Pour joindre son correspondant, il faut tourner la manivelle, parler à l'opératrice et attendre. Pour l'annonce de nos premiers pas, en 1925, la liaison entre Paris et dix-neuf départements de province prend une à deux heures, et bien plus pour trente-deux autres départements.

À cette époque, la vie devient aussi plus mobile. Les familles qui en ont les moyens partent goûter l'air marin ou montagnard. L'hiver ou l'été, certains lieux de tourisme comme Vichy, Biarritz, Berk, Arcachon ou La Bourboule se développent. À Deauville, l'architecte Charles Adda crée ainsi en 1924 Les Bains pompéiens, un établissement de style romain avec boutiques, bains de vapeur, café-bar et cabines groupées en un îlot que délimite un réseau de galeries à portiques.

Pour acheminer les familles sur les plages, il y a le train, mais la voiture se développe elle aussi. En 1925, on en compte plus d'un demi-million en France. La même année, le premier sens interdit est instauré rue de Richelieu à Paris ; de même qu'un gué, ancêtre du passage piéton. Dans la capitale, on ne peut plus se garer que d'un seul côté de la rue. Enfin, tandis que Michelin et Citroën installent bornes et panneaux sur les routes, les grands axes sont de plus en plus nombreux à être goudronnés.

La petite robe noire

Libérer les femmes : tel est le dessein d'une certaine Gabrielle Chanel. Après une adolescence passée dans un orphelinat de Corrèze, Gabrielle Chanel fait ses débuts dans la vie active comme vendeuse de layette à Moulins, puis comme chanteuse de music-hall. Elle devient modiste en 1908. Son ambition est alors de bousculer les codes et les habitudes vestimentaires des femmes en privilégiant les lignes épurées, les couleurs sobres (noir, blanc et beige) et les matières souples comme le jersey, en raccourcissant les robes, et en débarrassant les femmes de leurs corsets. Après le lancement de son parfum Numéro 5 en 1921 – ainsi nommé parce qu'il s'agit de la cinquième composition qu'on lui propose cette année-là –, elle s'associe à Pierre Wertheimer, propriétaire de la maison Bourjois, qui produit du maquillage destiné au théâtre.
En 1926, elle lance sa fameuse petite robe noire. Sans froufrous, cette robe fourreau en crêpe, ras du cou et s'arrêtant au genou, n'a ni drapé, ni boutons. Sobre et simple, elle revisite la couleur du deuil pour en faire celle de l'élégance. La critique s'incline devant tant d'audace et une telle innovation. Dans son édition de 1926, le magazine Vogue *croque immédiatement la fameuse robe, dont la carrière se poursuit encore aujourd'hui. « Je me suis servi de mon talent comme d'un explosif », expliquera Gabrielle Chanel, pour « démoder, d'abord et avant tout, ce qui me déplaisait ». Plus libre de ses mouvements dans ses nouveaux vêtements et avec ses cheveux courts, la femme des années 1920 fait ainsi un grand pas vers une plus grande liberté de pensée.*

Coco Chanel en 1928.

Liberté de mouvement.

Plus court et plus large

Si les années 1920 voient les culottes de bébé se renouveler, c'est également le cas des maillots de bain pour adultes. Les cuisses des femmes font une apparition remarquée sur les plages, et ces dames portent désormais des maillots près du corps. Côté messieurs, si le modèle athlétique subsiste, le caleçon de bain entame une longue carrière.

Mais les maillots de nos parents ne sont pas les seuls à raccourcir. « Elle s'était fait couper les cheveux », chante Dréan en 1924. La légende dit que c'est Coco Chanel qui a lancé la mode des cheveux courts, après qu'un retour de flamme les lui a brûlés. Rapidement, nos mères, tantes, sœurs aînées et voisines suivent : en 1924, un tiers des femmes ont les cheveux courts ! Le style « garçonne », du nom du roman de Victor Margueritte publié en 1921, bat son plein.

Si la tendance est au raccourcissement, elle est aussi à l'élargissement. Dans les années 1925-1926, nos pères découvrent une nouvelle coupe de pantalon : les pattes d'éléphant recouvrent entièrement la chaussure. Quant aux vestes, elle s'allongent ; et le complet sport fait son apparition.

Quel que soit le milieu social, il n'est alors pas bien vu de sortir tête nue. Nos pères portent un chapeau mou, un canotier, un béret ou une casquette ; nos mères adoptent souvent le chapeau cloche. Celles qui se sont débarrassé de leur corset découvrent le confort du soutien-gorge et du porte-jarretelle.

Que de changements et de mouvements agitent le monde qui entoure nos toutes premières années… Et cela ne fait que commencer !

Nos découvertes

Un bambin à la mode.

Éduquer plutôt qu'instruire

Les souvenirs que laisse la toute petite enfance, ce sont des odeurs, des couleurs, des bruits, quelques fragments qui nous ont marqués à vie. Avec un peu de chance, nous arrivons à nous rappeler nos tout premiers jouets. Ils sont alors rares et se conservent longtemps. Nous possédons par exemple un baigneur en celluloïd dont les yeux se ferment, et dont les vêtements ont été tricotés ou cousus par nos mères et nos grands-mères. D'autres jouent avec un cerceau de bois ou une balle en caoutchouc, un tambourin, un moulin à musique ou des

Chronologie

1927
Le prix Nobel de la paix est attribué au Français Ferdinand Buisson, fondateur et président de la Ligue des droits de l'homme, et à l'Allemand Ludwig Quidde.

15-21 mai 1927
Charles Lindbergh traverse l'Atlantique en avion sans escale. Ce trajet de New York à Paris, effectué à bord du *Spirit of Saint Louis*, dure 33 heures et 30 minutes.

Octobre 1927
Projection à New York du premier film parlant *The Jazz Singer*.

Décembre 1927
Ho Chi Minh fonde le Parti national du Vietnam.

Mars 1928
La première liaison téléphonique entre Paris et New York est établie.

Mars 1928
La Société des frères musulmans est créée au Caire, en Égypte.

18-29 avril 1928
La droite – l'Union républicaine démocratique en tête, suivie des modérés –, remporte les élections législatives ; Raymond Poincaré reste président du Conseil.

19-25 juin 1928
Le franc Poincaré remplace le franc Germinal, dont il ne vaut plus qu'un cinquième ; cette dévaluation ne fait qu'entériner la difficulté de la situation économique et la perte de valeur réelle de la monnaie.

Août 1928
Soixante-trois pays signent le pacte Briand-Kellogg, qui met la guerre « hors la loi ».

Octobre 1928
Première de *Topaze*, de Marcel Pagnol.

Janvier 1929
Léon Trostki est expulsé d'URSS.

10 janvier 1929
Le journal illustré belge *Le Petit Vingtième* publie le premier épisode de Tintin au pays des Soviets, dessiné par Hergé.

Jeudi 24 octobre 1929
Les valeurs boursières s'effondrent à Wall Street.

Décembre 1929
Le parlement français vote la construction de la ligne Maginot.

cubes. Quoi qu'il en soit, un rien suffit à nous occuper : quelques chutes de tissu récupérées d'un travail de couture, une belle petite boîte en carton ou un morceau de papier grâce auquel on apprend à jouer à la marelle dans la cuisine.

À cette époque, le grand événement, pour certains d'entre nous, est l'entrée à l'école maternelle. Tous les enfants ne la fréquentent pas. Depuis 1921, le projet de l'école maternelle – que certains appellent encore « petit asile » puis « grand asile » – se précise et s'officialise. L'Association générale des institutrices et des instituteurs des écoles et classes maternelles publiques (Agiem) est créée cette même année, et commence à diffuser ses travaux de recherche pédagogique. Si, à l'origine, l'école maternelle avait pour vocation d'accueillir les enfants des familles modestes dont les parents ne pouvaient pas s'occuper, son public s'est peu à peu élargi.

Désormais, on considère qu'il est plus important d'éduquer que d'instruire. Nos maîtres et maîtresses ont en général obtenu la mention « Pédagogie de l'école maternelle, puériculture, hygiène et sciences appliquées à la puériculture et à l'hygiène » au brevet supérieur, et les « femmes de service » font leur apparition. Nos souvenirs sont souvent flous et épars, mais c'est là que certains d'entre nous ont effectué leurs premiers exercices de gymnastique, dessiné pour la première fois et commencé à chanter. L'initiation à la lecture, à l'écriture et au calcul n'intervient qu'en dernière année.

Il peut nous rester de cette époque l'odeur parfumée de la poudre de riz d'une maîtresse, sa gentillesse et ses poèmes, ou au contraire le regard sévère du directeur et le chagrin d'être séparé de notre mère pour la première fois.

En province, certains écoliers parlent encore le patois à la maison. Mais pas question de le parler à l'école, sous peine de punition ! Sur la liste d'appel, quelques noms italiens, espagnols et polonais – ces derniers nous paraissant imprononçables avec leurs cascades de consonnes. Les parents de ces petits camarades sont venus travailler dans les mines, l'agriculture et l'industrie textile, qui manquaient de bras à l'issue de la première guerre mondiale.

Du sonore au parlant

Dès le début du XXe siècle, le Français Léon Gaumont expérimente différents systèmes permettant d'introduire le son dans le cinéma. Il sera d'abord gravé sur des disques et synchronisé à l'image « à la manivelle » grâce au Chronophone, puis au Vitaphone.

En janvier 1927, Le Chanteur de jazz, *d'Alan Crosland, considéré comme le premier film parlant et non plus seulement sonore de l'histoire du cinéma, est projeté à New York. Le film a pour personnage principal le chanteur populaire Al Jolson, qui devient ainsi le premier acteur dont on entend la voix. Si le film ne compte qu'une seule scène parlée (!), l'accueil du public est enthousiaste. « Speaking, singing, dancing » (« On parle, on chante et on danse »), annonce l'affiche. En 1929,* Les Trois Masques, *premier film parlant français, est réalisé par André Hugon. À partir de 1931, le son est enregistré directement sur la pellicule, ce qui résout les problèmes de synchronisation posés par les anciens systèmes. Certains réalisateurs ou critiques de cinéma manifestent une certaine méfiance vis-à-vis de ce nouveau procédé, redoutant les effets réducteurs que pourrait avoir l'introduction de dialogues. Parmi eux, Charlie Chaplin, qui manie un langage corporel universel, conserve une préférence pour le muet jusqu'en 1936. S'il introduit quelques éléments sonores dans ses films à partir de 1931, les premiers dialogues n'apparaissent que dans* Les Temps modernes, *où ils demeurent rares, tandis que les intertitres continuent de jouer un rôle fondamental. Puis, c'est en 1940, dans* Le Dictateur, *que l'on entendra pour la première fois distinctement – bien que dans un langage imaginaire – la voix de Chaplin.*

Al Jolson, le premier acteur dont on ait entendu la voix au cinéma.

Chez des cousins à la campagne.

Parcs et jardins

C'est aussi l'époque de nos premières sorties et promenades avec les plus grands. Le dimanche, les citadins vont s'aérer en famille dans les parcs et les bois qui entourent les villes. De petites voitures tirées par des chèvres y transportent les enfants chanceux. Parmi les divertissements qui nous font rêver, il y a aussi le manège à anneaux et… Guignol.

À la périphérie des villes ou à la campagne, ceux qui ont la chance d'avoir un jardin y jouent à la balle et y poussent un landau dans lequel on place parfois le petit chien à la place du baigneur. Lorsque ce jardin comporte un potager, on y répand du fumier ramassé par les jardiniers sur les chaussées où passent les voitures à cheval.

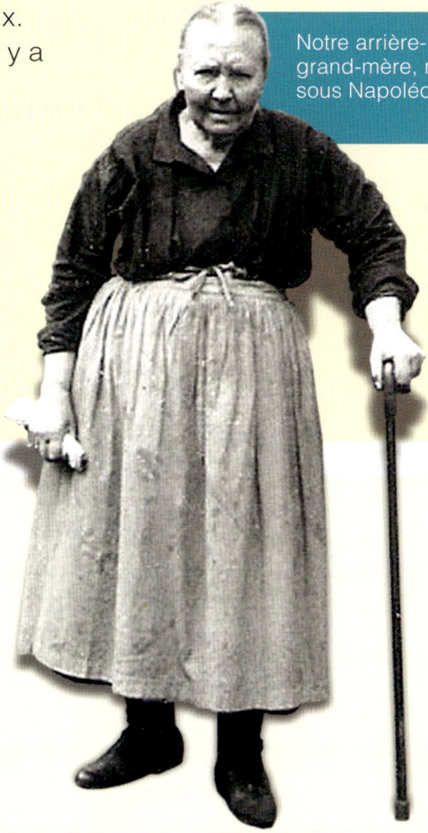

Notre arrière-grand-mère, née sous Napoléon III.

Mamie, Bonne-maman, Grand-mère, Mamé et Mémère

À la maison, le confort reste souvent rudimentaire. À cette époque, moins d'un quart des communes de France disposent d'un réseau

Les inséparables : grand-mère et son fidèle épagneul.

de distribution d'eau à domicile. Et lorsque ce réseau existe, cela ne signifie pas que nous disposions d'installations sophistiquées à domicile.

Chaque jour, nous faisons la queue à la cuisine pour effectuer notre toilette. Le dimanche, certaines familles fréquentent les bains-douches municipaux. Dans les immeubles, les toilettes sont partagées avec les voisins de palier, palier sur lequel une petite fontaine alimente en eau les habitants de l'étage.

Dans ces conditions, la lessive est un travail de grande ampleur. Certaines familles possèdent une lessiveuse en tôle que l'on actionne avec une manivelle qui, malgré le confort qu'elle procure, ne rince pas. Il faut donc apporter la bassine à la petite fontaine d'étage pour y passer le linge à l'eau. Ceux qui peuvent se le permettre confient les grandes pièces, notamment les draps, à des laveuses professionnelles.

À la campagne, le linge est lavé dans la rivière ou au lavoir, qui est un lieu de sociabilité où circulent nouvelles et potins qui ne restent jamais longtemps secrets. Il est pour nos mères ce que le café est pour nos pères.

Dans la petite enfance de beaucoup d'entre nous, il est un personnage qui joue un rôle central : une de nos grand-mères, parfois les deux. Si elles n'habitent pas avec nous ou près de chez nous, nous allons les voir l'été à la campagne.

L'oncle en grande tenue de chasseur alpin.

Celles qui partagent notre foyer et dont la fille ou la belle-fille travaille, ne chôment pas. Ces grands-mères, que l'on appelle « Mamie », « Bonne-maman », « Grand-mère », « Mamé » ou « Mémère » selon la région, tiennent parfois la maison à bout de bras, transportant le linge dans des brouettes, s'occupant des enfants et faisant la cuisine. Certaines ont été « placées » de bonne heure – dès 14 ans, voire avant – dans des familles comme bonnes, et ont tiré de cette expérience certaines recettes ou l'habitude de boire un thé à cinq heures. Forces de la nature du fait de leur travail – la somme de leurs tâches ménagères ferait frémir aujourd'hui –, elles savent aussi nous dorloter, nous raconter des histoires de l'ancien temps ou nous tricoter des chaussettes chaudes sur quatre aiguilles.

Retour à la vie civile.

À cet âge, notre repas préféré est souvent le goûter. En rentrant de l'école, nous nous régalons de tartines de pain beurré parfois couvertes de chocolat émietté ou de confiture. Il arrive aussi que nos parents nous offrent une pesée de croissants ou de petits pains à la boulangerie. Le pain est alors présenté en grandes miches, que le boulanger tranche à l'aide de son couperet.

Naissance d'une nouvelle pédagogie

Célestin Freinet, instituteur nommé à Vence (Alpes-Maritimes) en 1928, s'inspire pour son travail de l'Américain John Dewey et du mouvement Éducation nouvelle. Ceux-ci prônent une pédagogie active passant par l'expérimentation plutôt que par l'accumulation de connaissances. Il enrichit par ailleurs sa réflexion de visites d'écoles en Union soviétique, en Suisse et en Allemagne. Freinet considère l'autonomie et l'apprentissage par la découverte comme essentiels. Pour lui, les élèves doivent être responsabilisés, s'organiser et travailler en commun ; le maître doit faire figure de guide plutôt que de chef. Ses élèves étudient le français à partir de textes qu'ils écrivent eux-mêmes plutôt que de manuels. Le journal d'école et la correspondance interscolaire les amènent vers un « tâtonnement expérimental ». Célestin Freinet est l'époux d'Élise Lagier, artiste graveuse et institutrice qui a reçu le prix Gustave-Doré en 1927. Elle apporte une contribution essentielle à cette pédagogie nouvelle, notamment en ce qui concerne l'éducation artistique.
En 1935, Freinet est mis à pied par l'Éducation nationale et crée sa propre école à Vence. Critiqué, attaqué puis interné pendant la seconde guerre mondiale, notamment en raison de ses idées socialistes, il poursuit ses travaux jusque dans les années 1950. Aujourd'hui, sa pédagogie originale et novatrice compte des adeptes dans le monde entier.

Douceurs.

Une fête religieuse :
les anges et le reposoir.

Une poule qui picore

Nous mangeons déjà presque comme les grands et la cuisine familiale est une tâche d'importance. Très peu d'enfants, parmi lesquels des « nécessiteux », restent déjeuner à la cantine de l'école – quand il y en a une. Nos mères et grands-mères connaissent encore les spécialités régionales sur le bout des doigts et les préparent régulièrement.

Les courses se font au marché et chez les petits commerçants ; ceux de nos parents qui vivent à la campagne s'approvisionnent aussi dans leur potager. Nous mangeons de la viande de cheval, du foie et du cœur, du riz au gras…

Le déjeuner du dimanche est plus copieux et plus soigné que ceux de la semaine. Un beau rôti trône alors parfois au milieu de la table familiale, tandis qu'une île flottante ou une tarte au sucre nous attend pour le dessert.

À la campagne, on aime lancer du grain à picorer aux poules, les voir accourir, s'attrouper autour de nous et s'affairer mécaniquement du bec. Le spectacle des lapins et de leurs drôles de mimiques effarouchées nous plaît aussi. Les plus téméraires d'entre nous glissent leurs doigts à travers le grillage des cages pour essayer de caresser leur pelage si doux, d'effleurer leur museau remuant ou de leur gratouiller une oreille. Ramasser des œufs frais est un travail de haute responsabilité que l'on commence à nous confier vers l'âge de 5 ans, de préférence sous la surveillance d'un aîné.

Effiler des haricots verts ou commencer à tricoter aux aiguilles au point mousse ou au crochet, apprendre à coudre un bouton et à repasser un mouchoir, font également partie des toutes premières tâches attribuées aux fillettes de 5 ans. De leur côté, les garçonnets du même âge commencent à s'initier au maniement du marteau et des clous.

Attelage présidentiel.

À La Coupole.

27 artistes en 1927

En janvier 1927, Ernest Fraux et René Lafon, deux Auvergnats qui travaillaient au café Le Dôme à Montparnasse, dans le XIVe arron-dissement de Paris, lancent la construction d'un nouveau restaurant au 102, boulevard du Montparnasse : La Coupole. Le 20 décembre de la même année, l'établissement est inauguré en présence de 2 000 invités, parmi lesquels Jean Cocteau, Tsuguharu Fujita, Moïse Kisling, Maurice de Vlaminck et Blaise Cendrars… à qui furent offertes plus de 1 200 bouteilles de champagne !
Temple du style Art déco, ce bâtiment de 800 m² est l'œuvre des architectes Le Bouc et Barillet. 32 piliers de 5 mètres soutiennent l'édifice où se mêlent bois, béton, pierre, verre, tissu, porcelaine et faïence. Les piliers sont recouverts de lap, un matériau de synthèse dur et lisse ayant l'aspect du marbre et de la porcelaine, très utilisé dans les années 1920 et qui n'est plus produit aujourd'hui.
La décoration intérieure de La Coupole, avec ses lustres, sa vaisselle, ses mosaïques et ses boiseries de citronnier, est signée Alphonse-Louis Solvet et son fils Paul. 27 peintres de la bohème de Montparnasse se chargent de décorer les piliers. Parmi eux, Marie Vassilief, Alexandre Auffray, Isaac Grünewald, Louis Latapie, David Seifert et Fernand Léger. La légende raconte qu'ils furent payés en boissons, mais la facture réapparut dans les années 1990 !
Le tout-Paris intellectuel et artistique se retrouve dès lors à La Coupole, qui devient le rendez-vous de Montparnasse et supplante rapidement Le Dôme. Plus de 400 personnes y sont employées et dès 1928, un second restaurant est inauguré sur la terrasse ouverte du premier étage, rejoint par un dancing au sous-sol.
Indémodable lieu à la mode, La Coupole a traversé les décennies avec un succès éclatant.

Silence du soir

Parmi les bribes de souvenirs restant de cette époque, il y a le calme du soir. Avant que les postes de TSF ne fassent leur entrée dans les foyers, le silence nous permet de soulager un peu la fatigue des journées qui commencent tôt.

La TSF entre dans les foyers.

Quelques travaux d'aiguille pour les mères, la lecture du journal acheté à un vendeur à la criée pour les pères... Seul le tic tac de l'horloge rythme le silence.

Les parents ne sont pas toujours très causants devant les enfants. Généralement, les adultes de cette époque se livrent à peine, et encore moins en présence de tiers. À table – pour peu qu'on y soit admis – c'est nous qui nous taisons. Il n'est jamais trop tôt pour apprendre à bien se tenir à table : mains (et non coudes !) sur la table, poings fermés. Le pain doit être posé à côté du verre. Et l'on est prié de finir son assiette, même en cas de blettes, poireaux, épinards ou autres légumes très filandreux dont les enfants raffolent... Et si, par chance, on a sous la main un aîné dévoué pour finir notre assiette pendant que nos parents ont le dos tourné, on oublie l'espace d'un instant toutes les misères que cet aîné nous fait endurer.

À la campagne, les épluchures de légumes sont récupérées. Il est fascinant de voir notre mère les faire cuire dans une grande marmite et les transformer en une soupe épaisse qui sera servie aux poules. Dans tous les cas, nous jetons très peu. Les papiers et les cartons sont brûlés dans le poêle, les bocaux sont réutilisés...

Le spectacle quotidien des différentes tâches ménagères a marqué notre enfance. Nous apprenons en regardant et mettons peu à peu la main à la pâte.

Le village réuni pour la grande fête de la Croix-Rouge.

1930-1934

Pleins et déliés

Encre violette et papier bleu

Lorsque sonne l'heure de la rentrée à l'école élémentaire, notre cœur se serre sous l'effet de la joie et de l'appréhension mêlées. Nous rentrons en classe le 1er octobre, ce qui permet aux écoliers plus âgés, dans les régions rurales, de contribuer aux travaux des champs du début de l'automne. Nous aurons classe jusqu'au 14 Juillet.

Si l'école maternelle était mixte, ce n'est pas le cas de la primaire. Notre mère repasse nos blouses noires à liseré rouge ou bleu avec un lourd fer qu'elle fait chauffer sur la plaque de la cuisinière à charbon. Notre père nous égalise les cheveux et ressemelle nos souliers. Sous la blouse, nous porterons nos vêtements de la semaine, une tenue particulière étant réservée au dimanche. Et sous leurs robes, les fillettes portent des combinaisons.

Chronologie

Mars 1930
Hô Chi Minh crée le Parti communiste indochinois.

12-13 mai 1930
Jean Mermoz, Jean Dabry et Léopold Gimié effectuent la première liaison Saint-Louis-du-Sénégal – Natal, au Brésil (3 200 kilomètres parcourus en 21 heures).

30 juin 1930
Les troupes alliées qui occupaient l'Allemagne s'en retirent définitivement.

12 février 1931
Radio Vatican est inaugurée par le pape Pie XI.

1er mai 1931
La construction de l'Empire State Building s'achève.

Septembre 1931
La France est touchée par la crise économique mondiale et voit sa production baisser.

25 septembre 1931
Le Japon envahit la région chinoise de la Mandchourie et y annonce la création d'un État indépendant, le Mandchoukouo, que le Japon occupera jusqu'à la seconde guerre mondiale.

1932
L'industriel français Jean Mantelet, futur fondateur de Moulinex, invente un moulin à légumes révolutionnaire. Son invention est récompensée au concours Lépine.

6 mai 1932
Paul Doumer, président de la République française, est assassiné par un docteur en médecine russe, Paul Gorgulov.

2 juillet 1932
Franklin D. Roosevelt, candidat à la présidence des États-Unis qui sera élu en novembre, lance l'idée d'un New Deal.

Octobre 1932
Les éditions Denoël publient *Voyage au bout de la nuit* de Louis-Ferdinand Céline.

30 janvier 1933
En Allemagne, Hitler devient chancelier.

27 février 1933
L'incendie du Reichstag, à Berlin, permet à Hitler de se débarrasser de ses principaux opposants, les communistes. C'est la première étape de la révolution nationale-socialiste.

6 février 1934
Au cours de manifestations antiparlementaires organisées par les ligues d'extrême droite à Paris, seize personnes trouvent la mort.

En famille.

Nos vêtements sont généralement faits maison par nos mères ou taillés sur mesure par une couturière, souvent dans du tussor ou de la cretonne. Les parents qui peuvent se le permettre nous font faire une tenue à chaque nouvelle saison.

À la campagne, les enfants sont encore nombreux à porter des galoches : leurs semelles de bois sont très bruyantes, mais elles isolent bien du froid. Il est fréquent que vêtements et chaussures circulent entre les membres d'une même famille, voire entre plusieurs familles différentes. Pour les vestes et

L'école version Charlemagne, vue dans les années 1920.

les manteaux se pose le problème du boutonnage : quelle honte, pour un garçon, de devoir porter une veste héritée d'une aînée ! Pourtant, cela s'avère parfois nécessaire, car les temps sont durs.

L'achat d'un plumier, d'un porte-plume et d'une boîte de plumes métalliques est un moment de joie intense, promesse de taches d'encre violette sur les doigts, les tabliers et les tables. Heureusement, un buvard doux permettra de limiter un peu les dégâts. Une ardoise, des craies et une éponge enfermée dans une petite boîte métallique viennent compléter la panoplie de l'écolier. Quant aux livres, ils sont recouverts d'un papier bleu sur lequel on colle une étiquette portant notre nom.

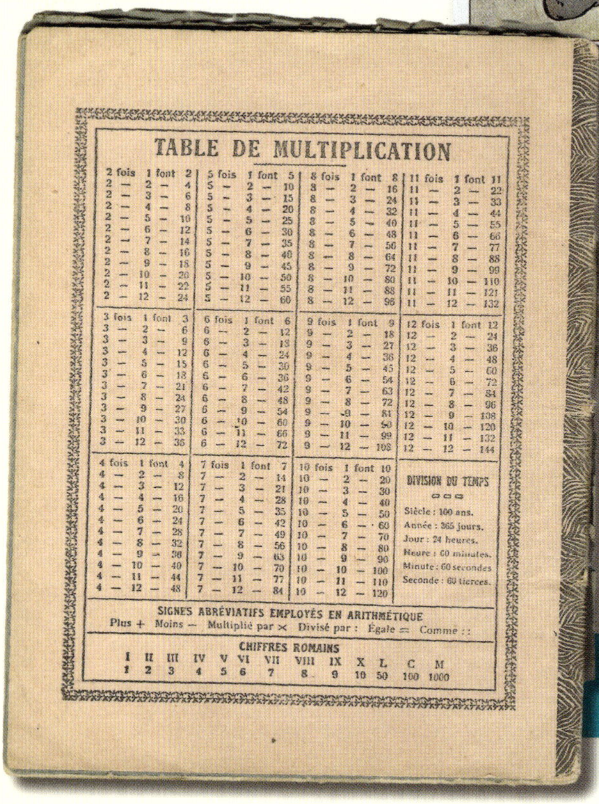

TABLE DE MULTIPLICATION

2 fois 1 font 2	5 fois 1 font 5	8 fois 1 font 8	11 fois 1 font 11
2 — 2 — 4	5 — 2 — 10	8 — 2 — 16	11 — 2 — 22
2 — 3 — 6	5 — 3 — 15	8 — 3 — 24	11 — 3 — 33
2 — 4 — 8	5 — 4 — 20	8 — 4 — 32	11 — 4 — 44
2 — 5 — 10	5 — 5 — 25	8 — 5 — 40	11 — 5 — 55
2 — 6 — 12	5 — 6 — 30	8 — 6 — 48	11 — 6 — 66
2 — 7 — 14	5 — 7 — 35	8 — 7 — 56	11 — 7 — 77
2 — 8 — 16	5 — 8 — 40	8 — 8 — 64	11 — 8 — 88
2 — 9 — 18	5 — 9 — 45	8 — 9 — 72	11 — 9 — 99
2 — 10 — 20	5 — 10 — 50	8 — 10 — 80	11 — 10 — 110
2 — 11 — 22	5 — 11 — 55	8 — 11 — 88	11 — 11 — 121
2 — 12 — 24	5 — 12 — 60	8 — 12 — 96	11 — 12 — 132
3 fois 1 font 3	6 fois 1 font 6	9 fois 1 font 9	12 fois 1 font 12
3 — 2 — 6	6 — 2 — 12	9 — 2 — 18	12 — 2 — 24
3 — 3 — 9	6 — 3 — 18	9 — 3 — 27	12 — 3 — 36
3 — 4 — 12	6 — 4 — 24	9 — 4 — 36	12 — 4 — 48
3 — 5 — 15	6 — 5 — 30	9 — 5 — 45	12 — 5 — 60
3 — 6 — 18	6 — 6 — 36	9 — 6 — 54	12 — 6 — 72
3 — 7 — 21	6 — 7 — 42	9 — 7 — 63	12 — 7 — 84
3 — 8 — 24	6 — 8 — 48	9 — 8 — 72	12 — 8 — 96
3 — 9 — 27	6 — 9 — 54	9 — 9 — 81	12 — 9 — 108
3 — 10 — 30	6 — 10 — 60	9 — 10 — 90	12 — 10 — 120
3 — 11 — 33	6 — 11 — 66	9 — 11 — 99	12 — 11 — 132
3 — 12 — 36	6 — 12 — 72	9 — 12 — 108	12 — 12 — 144
4 fois 1 font 4	7 fois 1 font 7	10 fois 1 font 10	**DIVISION DU TEMPS**
4 — 2 — 8	7 — 2 — 14	10 — 2 — 20	
4 — 3 — 12	7 — 3 — 21	10 — 3 — 30	Siècle : 100 ans.
4 — 4 — 16	7 — 4 — 28	10 — 4 — 40	Année : 365 jours.
4 — 5 — 20	7 — 5 — 35	10 — 5 — 50	Jour : 24 heures.
4 — 6 — 24	7 — 6 — 42	10 — 6 — 60	Heure : 60 minutes.
4 — 7 — 28	7 — 7 — 49	10 — 7 — 70	Minute : 60 secondes
4 — 8 — 32	7 — 8 — 56	10 — 8 — 80	Seconde : 60 tierces.
4 — 9 — 36	7 — 9 — 63	10 — 9 — 90	
4 — 10 — 40	7 — 10 — 70	10 — 10 — 100	
4 — 11 — 44	7 — 11 — 77	10 — 11 — 110	
4 — 12 — 48	7 — 12 — 84	10 — 12 — 120	

SIGNES ABRÉVIATIFS EMPLOYÉS EN ARITHMÉTIQUE

Plus + Moins — Multiplié par × Divisé par : Égale = Comme ::

CHIFFRES ROMAINS

I	II	III	IV	V	VI	VII	VIII	IX	X	L	C	M
1	2	3	4	5	6	7	8	9	10	50	100	1000

Vive l'arithmétique !

Les effets de la crise des années 1930.

La crise des années 1930

La crise économique des années 1930, qui a démarré avec le krach boursier du jeudi 24 octobre 1929 à New York, dit « Jeudi noir », touche la France assez tardivement. Il faut dire que l'Hexagone reste un pays rural et traditionnel. Près de la moitié d'entre nous vivent à la campagne, et presque un tiers des travailleurs ont une activité agricole. En outre, les trois quarts des exploitations agricoles comptent moins de dix hectares. La chute des productions agricole et industrielle n'intervient qu'à l'automne 1931, et le pays sortira de la crise plus tardivement que ses voisins. À l'époque, certains, parmi nos parents, oncles et amis, perdent leur travail et font face à une situation difficile. En 1931, la France compte presque trois millions d'étrangers, ce qui représente près de 7 % de la population totale. La moitié de la croissance démographique du pays est liée à la présence de cette immigration. Italiens et Polonais sont les plus nombreux, suivis par des ressortissants russes, espagnols puis portugais et des Arméniens. La Société générale d'immigration joue un rôle capital dans le recrutement d'ouvriers en Europe centrale. Une immigration algérienne, qui n'est pas comptabilisée puisque l'Algérie est alors un département français, commence également à se développer, tandis que Paris attire des artistes et écrivains venus du monde entier.
Mais, avec la crise économique, les portes se referment : les derniers arrivés et les chômeurs étrangers sont particulièrement peu bienvenus. Malgré la montée de la xénophobie, des réfugiés politiques allemands et italiens s'installent en France.

Poids et mesures.

Mains et leçons sous surveillance

L'instituteur inspire tout à la fois crainte, admiration et respect. L'étendue de ses connaissances est celle d'un honnête homme : villes, fleuves, protectorats et colonies, poèmes, chansons, conjugaisons et éléments d'anatomie n'ont aucun secret pour lui. Son savoir encyclopédique semble immense à beaucoup d'entre nous. Moins de la moitié de nos parents ont en effet décroché le certificat d'études. Mais ce qui nous impressionne le plus, c'est cette dextérité qu'il a pour tracer pleins et déliés au tableau. Cette fascinante alternance de traits fins à la montée qui s'épaississent à la descente, formant une longue ficelle se chargeant de sens au fil de notre apprentissage de la lecture, est un ravissement.

Au fil de nos progrès en lecture et en écriture, s'ajoutent à notre apprentissage l'orthographe, le calcul, l'histoire, la géographie, la leçon de choses. Deux récréations, une le matin et une l'après-midi, nous permettent de nous aérer sous les platanes. Il arrive également qu'on apprenne aux garçons à travailler le bois et le métal dans un atelier, pour qu'ils manient les outils avec dextérité dès leur plus jeune âge.

Chaque jour commence par une inspection de la propreté de nos mains et, avec certains instituteurs, de nos oreilles. À la crainte de ne pas être tout à fait propre s'ajoute celle d'être interrogé lorsqu'on ne sait pas bien sa leçon. Une leçon mal apprise ou mal récitée nous vaudra quelques heures de retenue après la fin des classes, des lignes à copier ou des verbes.

L'instituteur est parfois relayé par un professeur de chant, qui accompagne nos jolis couacs de son orgue portatif. En fin d'année, dans certaines régions, les différentes chorales du département s'affrontent lors d'un concours mémorable. Le cours d'instruction civique, également appelé « cours de morale », nous offre l'occasion d'apprendre la politesse : il nous faut désormais saluer en retirant sa casquette pour les garçons, en faisant une révérence pour les filles. Bien entendu, lorsqu'un adulte entre dans la classe, les élèves se lèvent.

Attentat contre Paul Doumer en 1932.

Inaugurateur de chrysanthèmes

Le 6 mai 1932, Paul Doumer, quatorzième président de la République française, est assassiné à Paris par un ressortissant russe du nom de Paul Gorgulov.

Né en 1857, Doumer incarne de façon exemplaire le mérite républicain. Fils d'un ouvrier des chemins de fer et d'une femme de ménage originaire d'Aurillac (Cantal), il a connu une ascension sociale et professionnelle spectaculaire. Coursier à 12 ans puis ouvrier graveur, il passe son bac, devient répétiteur et enseignant en mathématiques. Il se lance ensuite dans une carrière de journaliste et fonde La Tribune de l'Aisne. *À 29 ans, il est élu député de la Gauche radicale. Rapporteur du budget des colonies puis ministre des Finances en 1895, il reste gouverneur général de l'Indochine de 1898 à 1902.*

Sous son mandat, celle-ci se transforme rapidement. La ville de Hanoï devient la première ville d'Asie équipée de l'électricité. La construction de la ligne de chemin de fer Hanoï-Saïgon, longue de plus de 1 700 km, est lancée, tout comme l'aménagement du port d'Haïphong et l'acclimatation de l'hévéa, cet arbre « importé » d'Amérique du Sud en Indochine par les Français.

À son retour en métropole, il poursuit sa carrière parlementaire et prend la présidence du Sénat en 1927. Père de huit enfants, il perd quatre fils à la guerre de 1914-1918. En 1906, il publie un ouvrage de morale pour enfants intitulé Le Livre de mes fils.

Élu président de la République en mai 1931, il donne à la fonction présidentielle un contenu plus honorifique que politique. C'est d'ailleurs à son propos qu'est née l'expression « inaugurer des chrysanthèmes ». Un mois avant de tomber sous les balles, il aurait déclaré, lors d'une inauguration : « À mon âge, après tout, ce serait une belle fin que de mourir assassiné. »

Sportif.

Jeudis et dimanches

Nous avons cours le samedi toute la journée ; notre jour de repos est le jeudi. Il est consacré aux devoirs et aux jeux : billes, loto, dominos et dames sont parmi nos préférés. La vogue du patin à roulettes bat son plein et nous en faisons notre apprentissage, parfois bien douloureux pour les genoux.

Les plus chanceux lisent les aventures de Bicot et Suzy, les veinardes dévorent *La Semaine de Suzette* ou *Fillette*. Pour ceux, encore peu nombreux, à qui leurs parents achètent des livres, il y a les « Albums du Père Castor » créés par Paul Faucher en 1931 aux éditions Flammarion, la « Bibliothèque rose » puis la « Bibliothèque verte » aux éditions Hachette... *Les Contes du chat perché*, parus chez Gallimard, régalent nos 10 ans.

Le jeudi, ceux d'entre nous qui sont catholiques vont au catéchisme et partent se promener à la campagne avec le patronage religieux. La communion privée, que l'on fait en général vers l'âge de 7 ans, marque un vrai tournant. Nous recevons un chapelet, des images pieuses ou un missel, et nous nous réunissons en famille autour d'un repas.

Lumineux Chaplin.

Si le dimanche est le jour du Seigneur pour une bonne partie de nos familles, nous avons parfois aussi la joie d'aller au cinéma. En ville, on compte déjà de nombreuses salles de cinéma accueillant les enfants le matin. Sinon, monsieur le curé propose des projections des films de Charlot. Quelle joie quand nos aînés acceptent de nous y emmener ! Lorsque les premières silhouettes apparaissent à l'écran, le silence est total. Il se rompt dès les premières farces de l'homme au chapeau melon et à la drôle de démarche. Et en 1931, *Les Trois Petits Cochons* de Walt Disney entament leur longue carrière internationale !

Après le cinéma, il nous arrive de faire un saut chez le marchand de bonbons. Des bocaux multicolores sont soigneusement alignés sur les étagères. Nous les contemplons un instant avant de porter notre choix sur les rouleaux de réglisse qui enferment un bonbon dur en leur milieu, les sucettes, les bonbons fourrés et autres roudoudous. Ces quelques délices nous seront vendus dans un petit cornet en papier, et nous les savourerons religieusement, en silence.

Image pieuse.

Gerçures et engelures

L'hiver peut s'avérer fort rude pour nous autres, jeunes écoliers, car nos genoux sont nus quelle que soit la température. Jupes et pantalons courts sont de rigueur, et les chaussettes montantes n'arrivent qu'en haut du mollet, ce qui peut nous valoir quelques gerçures et engelures. La glycérine permet d'apaiser un peu la douleur causée par ces empreintes du froid sur notre peau, qui nous fait mal au moment où elle se réchauffe.

À l'intérieur, le chauffage central n'est encore guère répandu. En général une Salamandre, un poêle à bois ou à charbon – Mirus ou Gaudin – sert de cuisinière et de chauffage pour l'ensemble du logement. Le soir, notre mère glisse une brique chaude ou une bouillotte en métal entre nos draps, peu avant notre coucher, de façon à rendre notre lit moins inhospitalier. Le matin, le lever et l'habillage ne sont pas exactement nos moments préférés.

Raimu et Pierre Fresnay dans *Marius* en 1931.

Pagnol cinéaste

Un grand nombre d'entre nous ont découvert le cinéma avec les films de Marcel Pagnol. Avant de devenir un auteur à succès, Pagnol commença en effet par être un cinéaste prolixe. De 1930 à 1934, pas moins de onze films dont il a écrit le scénario sont portés à l'écran ! Il peut tout aussi bien créer des scénarios originaux comme pour *Premier amour* en 1934 ; adapter ses propres pièces comme *Marius*, *César*, *Topaze* et *Direct au cœur* en 1931-1932, et reprendre l'œuvre d'autres auteurs comme Georges Courteline, Jean Giono, Alphonse Daudet ou Émile Augier. Raimu, Orane Demazis, Pierre Fresnay ou Louis Jouvet sont à l'affiche.

Marius marque un tournant dans la carrière de Pagnol. Après le triomphe de la pièce, jouée plus de huit cents fois, la Paramount lui en achète les droits et confie la réalisation du film à Alexandre Korda. Pagnol obtient toutefois que les comédiens de la pièce interprètent leur rôle dans le film. La Paramount tourne, en même temps que la version française, une version en allemand et une autre en suédois.

Marius triomphe et devient l'un des premiers films à succès du cinéma parlant français. Fort de cette réussite, Pagnol crée en 1932 la société de production Les Auteurs associés, dont les studios sont aménagés dans le quartier du Prado à Marseille. Il achète également 25 hectares de garrigue près d'Aubagne pour en faire un « Hollywood provençal ».

Dans les années 1950 et 1960, des adaptations américaines et japonaises de *Marius* seront tournées, et une comédie musicale montée à Broadway. La célèbre partie de cartes fait partie des monuments du cinéma mondial.

Marketing marseillais

En 1915, une loi interdit l'absinthe et les boissons du même type. En 1922, la législation se fait plus libérale et autorise la production de boissons à l'anis, à condition que leur teneur en alcool soit inférieure à 40°. De nombreuses boissons à base de fenouil, anis et réglisse sont alors fabriquées en Provence.
En 1932, Paul Ricard crée une boisson à base d'anis étoilé, anis vert et réglisse macérés et non distillés. Avec son frère Pierre, il fait goûter ce nouveau breuvage gratuitement dans les cafés du quartier Sainte-Marthe, à Marseille. Sur les étiquettes figure pour la première fois le terme « Pastis », qui signifie « pâte » ou « mélange » en occitan.

La nouvelle boisson est conditionnée en bouteilles d'un litre. Précurseurs dans le domaine du marketing, les deux frères lancent le slogan « Ricard, le vrai pastis de Marseille ». Paul, ancien aspirant à l'école des Beaux-Arts, dessine la bouteille et son étiquette ainsi que des affiches publicitaires. En 1936 à Lyon, une campagne est lancée avec pour slogan « Buvez le pastis à la marseillaise, à petites doses, avec cinq volumes d'eau ».
Lorsqu'en 1938, l'État accepte d'élever le degré d'alcool toléré dans les boissons anisées à 45°, le succès bat son plein et Ricard dame le pion à son vieux concurrent Pernod. Après maintes péripéties, dont l'interdiction totale des boissons distillées par le gouvernement de Vichy, Ricard et Pernod fusionnent en 1975.

Au Racing en 1931.

Déplacements

À cette époque, les familles qui ont les moyens de s'offrir une voiture sont encore rares. On se déplace peu et quand c'est le cas, on utilise les transports en commun – chemin de fer, métro pour les Parisiens, autocar – ou, encore bien souvent, la voiture à cheval à la campagne comme en ville. La production automobile française s'élève à plus de 160 000 véhicules en 1932.

Souvenir de Paris.

En 1934, les premières Tractions avant font une apparition remarquée. La ligne aérodynamique et novatrice de cette voiture est admirée par tous. Pouvoir faire un tour dans la Traction d'un oncle ou d'un voisin chanceux est une véritable aubaine ! Cette même année 1934, le premier feu tricolore tel que nous le connaissons est installé à Paris.

Triomphe en Citroën 5CV.

Grands chambardements

Solennités.

Robe de mariée et pantalons longs

Pour certains d'entre nous, la communion solennelle arrive enfin. Monsieur le curé insiste sur l'importance de s'y préparer et de se confesser. Et, quelle que soit l'intensité de notre foi, notre grand-mère insiste sur la nécessité d'« être bien avec les curés ».

Chronologie

Mars 1935
L'Allemagne entame son réarmement et rétablit le service militaire, violant ainsi le traité de Versailles signé en 1919.

Avril 1935
Les premières émissions de télévision sont lancées sur Paris PTT.

12 mai 1935
À Villeurbanne, des femmes sont élues au conseil municipal grâce au décret pris par le maire socialiste. Cette initiative se répandra dans d'autres villes en 1935 et 1936.

Octobre 1935
L'Italie envahit l'Éthiopie.

Avril 1936
Le Front populaire remporte les élections législatives.

Juillet 1936
Des généraux espagnols se soulèvent, c'est le début de la guerre d'Espagne.

Décembre 1936
Jean Mermoz et quatre hommes d'équipage disparaissent au cours d'un vol au-dessus de l'Atlantique Sud.

Janvier à juin 1937
Organisés par Staline, les procès de Moscou ont pour but d'éliminer de hauts responsables économiques, des généraux de l'Armée rouge et d'autres vétérans de la Révolution d'octobre.

Juillet 1937
Le plan Peel propose un partage de la Palestine entre Juifs et Arabes.

7 juillet 1937
Début de la seconde guerre sino-japonaise : les troupes japonaises envahissent le pays, provoquant même un rapprochement entre les communistes et les nationalistes en un front commun contre l'ennemi.

Décembre 1937
L'armée japonaise massacre près de 300 000 personnes à Nankin.

Avril 1938
Jean-Paul Sartre publie son premier roman, intitulé *La Nausée*.

Septembre 1938
Édouard Daladier, Neville Chamberlain, Adolf Hitler et Benito Mussolini signent les accords de Munich, qui permettront à Hitler d'annexer les régions de Tchécoslovaquie peuplées par des Allemands.

Le Front populaire promet le pain, la paix, la liberté.

Les filles pensent surtout à la robe qu'elles vont porter : une véritable robe de mariée assortie d'une coiffe, d'où part un voile presque aussi long que la robe. Des souliers blancs à barrette achèvent de nous donner cet air de solennité et de recueillement que monsieur le curé attend de nous. Quant aux garçons, ils auront l'occasion d'inaugurer leur premier pantalon long.

Un sentiment de fierté gonfle nos poitrines tandis que, chapelet et missel à la main, nous défilons en silence dans l'allée centrale de l'église. Après l'interminable messe pendant laquelle

Procession de communiantes.

la faim, une envie pressante ou le besoin de bouger les jambes nous asticotent, un bon repas réunit la famille à la maison ou au restaurant. Les grands-parents, parrain, marraine, oncles, tantes et cousins ont fait le déplacement. Une photo immortalisera le moment, que nous joindrons aux images pieuses qui nous sont offertes.

L'excitation est à son comble lorsque nous découvrons le cadeau qui nous est destiné : une montre, un bracelet, des livres, un stylo-plume à réservoir ou un réveil pour les veinards. Les moins chanceux hériteront d'une médaille – par exemple, la médaille miraculeuse de la rue du Bac à Paris – ou d'un Christ, éventuellement en ivoire. Celui-ci sera accroché à un mur de notre chambre et nous regardera grandir, témoin de nos cruelles bagarres, de nos mensonges et de nos récitations de poèmes. À l'époque des rameaux, avant Pâques, nous glisserons une branche de laurier entre ses bras et sa croix. Malgré les chatouilles, il gardera cet air de douleur stoïque qui le caractérise.

Arts et techniques font bon ménage

En 1851, la première Exposition universelle a eu lieu à Londres. Depuis 1928, c'est une nouvelle organisation internationale, le Bureau international des expositions, qui régit l'organisation de ces manifestations. En 1934, la France est choisie pour accueillir l'Exposition internationale des arts et techniques appliqués à la vie moderne de 1937. Dédié à l'art et à la nouveauté, cet événement vise, d'une part, à montrer que l'art et la technique sont parfaitement compatibles et, d'autre part, à promouvoir la paix.
Malgré un démarrage difficile, d'importantes innovations architecturales voient le jour à Paris. Une série de grèves a retardé le chantier et l'inauguration n'a lieu que le 24 mai… au milieu des gravats. Sur la place du Trocadéro, le nouveau palais de Chaillot, de style « monumentaliste néoclassique », remplace l'ancien palais du Trocadéro. Au sommet de la butte, le Palais des musées d'art moderne, devenu par la suite « palais de Tokyo », conçu dans le style Art déco, surplombe la Seine avec majesté.
En réponse à la commande de la Compagnie parisienne de distribution d'électricité, Raoul Dufy peint La Fée Électricité, *une fresque colorée de plus de 600 m² présentant 110 personnages, qui resta longtemps le plus grand tableau du monde. Quant au pavillon espagnol, il expose* Guernica, *que Picasso vient de peindre à la suite du bombardement de cette ville. Au pied du Trocadéro, les imposants pavillons de l'Union soviétique et de l'Allemagne nazie se font face.*
Cette Exposition universelle accueillera plus de 31 millions de visiteurs en six mois. Ce sera la dernière à se tenir à Paris.

Le pavillon soviétique à l'Exposition de 1937 à Paris.

Lectures en cachette et bagarres

Si nous sommes désormais tout à fait à l'aise en lecture, la littérature pour enfants n'est pas encore très développée et nous lisons ce que nous trouvons. Parfois en cachette des adultes, qui préfèrent nous voir aider aux tâches ménagères, soupçonnant les livres de nous souffler de mauvaises idées. Un jour, une voisine, fouillant dans un carton qui venait de chez son grand-père décédé, met la main sur un volume du *Dictionnaire philosophique* de Voltaire. En le lisant en cachette, enfermées dans une chambre, nous n'y comprenons quasiment rien... Mais une chose essentielle nous saute soudain aux yeux : la vie n'est pas simple ! C'est un vrai déclic. Heureusement, nous avons aussi des lectures moins sérieuses : *Lisette*, *Fillette*, *Les Pieds nickelés* et *Bibi Fricotin*, dont les illustrations colorées sont un régal.

À cet âge où nous quittons l'enfance pour nous diriger vers ce qu'on ne nomme pas encore l'« adolescence » – on préfère nous appeler « petits jeunes gens et petites jeunes filles » –, nous continuons de savourer le plaisir des jeux comme la balle au camp, le jonglage et les osselets. En os d'animaux ou en métal, ces derniers offrent une infinité de possibilités d'exercer et de démontrer sa dextérité. On lance le père – peint en rouge – en l'air, et avant qu'il nous retombe dans la main, on ramasse un, deux, trois ou quatre osselets alignés sur la table. Les plus doués font des figures sophistiquées, comme celle qui consiste à poser des osselets en rangée sur le dos de la main et à les rassembler dans le creux de celle-ci en faisant tournoyer son poignet. Rien de mieux pour épater les plus jeunes !

Jaloux, ceux-ci vont s'entraîner en douce dans le jardin : à cause de leur maladresse, il n'est pas rare qu'un ou deux osselets finissent dans les buissons, ce qui nous vaut quelques belles bagarres. Il est rare que les parents prennent le temps de rechercher le pourquoi du comment de la dispute, et encore plus rare que nous nous en tirions sans une « volée » chacun.

Lecture.

MARGUERITE DURAND
VILLE
de PARIS

VINGT-NEUVIÈME ANNÉE — N° 1195 — Le numéro : 50 centimes — SAMEDI 13 JUIN 1936

La Française

Journal d'information et d'action féminines

ABONNEMENTS
France et Colonies .... 24 fr. par an
Étranger .... 40 fr. —
CHÈQUES POSTAUX : 441-20 Paris

(Fondatrice : JANE MISME)
PARAIT LE SAMEDI
Directrice : C. BRUNSCHVICG

DIRECTION, RÉDACTION : 53, rue Scheffer — PARIS 16e
ADMINISTRATION : 108, Boulevard St-Germain — PARIS 6e
(de 2 h. ½ à 5 h. ½, samedi excepté)
TÉLÉPHONE : DANTON 48-65

Trois Femmes font partie du Gouvernement

Par la grande porte...

Trois femmes sous-secrétaires d'Etat, ministres — ou presque. Participant directement au pouvoir de l'Etat, à l'anti-potestas. Deux sont mariées et mineures devant la loi. Nulle des trois n'a, plus qu'aucune de ses autres sœurs de France, droit à l'humble et puissant bulletin de vote qui fait de l'individu qui le détient, un fils reconnu de la Cité, l'un de ses législateurs permanents. Par une bien heureuse absurdité de notre Constitution, rien ne leur interdisait d'être ministres, il a suffi d'un geste d'élégance hardie pour qu'elles le soient.

Il ne semble pas qu'il y ait eu jusqu'à présent, le moindre mécontentement, presque pas même d'étonnement. On veut bien discuter des droits *des* femmes, prouver l'infériorité *des* femmes. Quel est le Français qui ce faisant n'exclut pas implicitement de la discussion, les femmes de sa famille, celles qui tiennent à son cœur? Alors mis en présence de femmes dont le talent est reconnu, la valeur morale incontestée, il accepte leur élévation. Ce bon Latin impénitent, il refusait en bloc au sexe « inférieur », il a trop de bon sens, une vue trop sûre ces réalités pour le disputer à celles qui jusqu'à l'évidence en sont dignes.

Je ne connais de Mme Joliot-Curie que la gloire de ses travaux, de Mlle Lacorre que l'histoire de son dévouement. J'ai eu la chance d'approcher davantage Mme Brunschvicg. Ce qu'on apprend d'elle ...

Mlle SUZANNE LACORE,
sous-secrétaire d'Etat à la protection de l'Enfance.

Mme IRENE JOLIOT-CURIE
sous-secrétaire d'Etat à la recherche scientifique.

Mme C. BRUNSCHVICG
sous-secrétaire d'Etat à l'Education Nationale

Vers l'égalité

S'il est un journal dans lequel il nous parait impossible de louer comme elle le ...

... tre tête, avec une opiniâtreté qui n'exclut pas l'énergie. Sa sagesse mûrie par l'expérience n'a jamais été intransigeante, n'a jamais arrêté l'élan des plus jeunes, n'a voulu au contraire, qu'utiliser toutes les forces.

Et de même qu'on démontre le mouvement en marchant, Mme Brunschvicg a prouvé ce que les femmes comme elle sa-...

LES FEMMES VEULENT LE DROIT DE VOTE

Une démarche au Palais-Bourbon

Le Rassemblement des Femmes conviait, samedi dernier, ses membres de la région parisienne à se joindre à la délégation qu'il organisait auprès de la Chambre pour réclamer le droit de vote et d'éligibilité pour les femmes.

Environ 4.000 femmes répondirent à cet appel et munies de banderolles et de pancartes portant leurs revendications se massèrent aux abords du Palais-Bourbon.

Dix organisations féminines et féministes faisaient partie de cette délégation.

Une déléguée de chacun des groupements fut reçue par les représentants de divers groupes parlementaires.

La délégation demanda à chacun de ceux-ci d'user de leur influence auprès du Gouvernement pour obtenir de lui le dépôt d'un projet de loi accordant aux femmes le droit de vote et d'éligibilité dans les mêmes conditions qu'aux hommes.

Pendant que leurs déléguées étaient reçues à la Chambre, les membres des organisations participantes se réunissaient dans une grande salle mise à leur disposition par M. M. Sangnier. Un meeting très animé fut improvisé. Les femmes y manifestèrent énergiquement leur volonté de lutter jusqu'à l'obtention de l'égalité des droits.

Trois femmes au gouvernement et à la une.

Ni électrices, ni éligibles, mais ministres

En juin 1936, Léon Blum forme un nouveau gouvernement : pour la première fois en France, trois femmes en font partie.
*Suzanne Lacore est sous-secrétaire d'État à la Santé publique, chargée de la protection de l'enfance. Directrice d'école, elle est la seule femme membre de la SFIO en Dordogne au début du XX*e *siècle. Elle œuvrera à l'aide sociale et à la formation professionnelle des femmes. De nombreuses écoles portent aujourd'hui son nom.*
Cécile Brunschvicg, sous-secrétaire d'État à l'Éducation nationale, directrice du journal La Française *et présidente de L'Union française pour le suffrage des femmes, est membre du Parti radical. Elle a dû passer son brevet en cachette de son père. Elle contribue à faire supprimer l'obligation d'une autorisation du mari pour les femmes qui souhaitent obtenir un passeport.*
Irène Joliot-Curie, fille de Pierre et de Marie Curie, est sous-secrétaire d'État à la Recherche scientifique. Elle et son mari ont obtenu le prix Nobel de chimie en 1935 pour leurs travaux sur la radioactivité. Elle n'occupera son poste que trois mois en raison de problèmes de santé. Après la guerre, elle sera commissaire à l'énergie atomique durant six ans. En 1956, elle meurt, comme sa mère, d'une leucémie provoquée par une trop forte exposition aux rayons.
Malgré l'avancée notable que constituent ces nominations, il faut noter qu'aucune de ces femmes ministres n'a pris une seule fois la parole devant les députés. Il faudra attendre 1946 pour qu'une femme soit à nouveau ministre. Et cette fois, Andrée Viénot parlera dans l'hémicycle !

Entre camarades.

On ne mélange pas les torchons et les serviettes

En cette période de notre vie où nous devenons un peu plus autonomes, on ne surveille pas que nos lectures. Certaines familles veillent à ce que leur progéniture ne se mélange pas à n'importe qui, et nous en faisons les frais. La fille de la concierge gagne un peu d'argent en montant le courrier dans les étages, ce qui lui permet de s'acheter quelques magazines et autres bonbons. Mais les parents des familles bourgeoises habitant l'immeuble voient d'un mauvais œil que leurs enfants jouent avec elle. Le petit voisin est de confession protestante ? Inutile d'espérer obtenir la permission d'aller jouer aux petits chevaux avec lui. Assister au vin d'honneur offert à l'occasion de sa confirmation ? Pas question. Et gare à ne pas trop traîner avec ces deux petites jumelles juives polonaises, sous peine d'être privée de sortie dimanche. Tant mieux, j'échapperai ainsi à la messe et pourrai me plonger dans Voltaire en toute tranquillité !

Si l'école continue bien sûr d'occuper l'essentiel de notre temps, tout le monde n'est pas logé à la même enseigne. Les enfants de « bonne famille » ont été envoyés dès l'âge de 6 ou 7 ans au lycée d'État ou au collège communal. Les classes y vont, comme à l'école, de la onzième à la septième. Les instituteurs sont remplacés par des professeurs.

Les autres vont à l'école élémentaire et fréquentent le cours supérieur première et deuxième année. Vers l'âge de 13 ans, nous passons le certificat d'études primaires élémentaires. Environ la moitié d'entre nous réussissent cet examen qui est loin d'être facile.

Lisez plutôt cet exemple de sujet d'épreuve de composition française que nos bourreaux de l'Instruction publique peuvent nous concocter : « Quel est, parmi les animaux que La Fontaine a fait intervenir dans ses *Fables*, celui dont vous avez le mieux retenu et compris le langage, les attitudes, les sentiments ?

Faites-en le portrait. » Maître Cigale ? La grenouille qui tenait en son bec un fromage ? Mais non, voyons, pas de confusion possible : nous sommes (presque) tous des (quasi) intimes de La Fontaine depuis des années, et nous avons plus d'une fable dans notre sac.

Parmi les grands chambardements de 1936, une réforme nous concerne directement puisqu'elle s'applique à l'éducation : la durée de la scolarisation est prolongée d'un an et l'école devient obligatoire jusqu'à 13 ans pour ceux qui obtiennent leur « certif' », 14 ans pour les autres.

Après le certificat d'études, on peut encore effectuer une année d'école primaire supérieure ou de cours complémentaire pour approfondir un peu ses connaissances. Avec le brevet supérieur, on peut espérer entrer à l'École normale et devenir professeur.

On ne se pose pas beaucoup de questions sur notre avenir, celui-ci étant souvent dicté par la nécessité et les (maigres) possibilités. En l'absence d'un collège dans les environs, de ressources suffisantes dans la famille ou de motivation des parents, on quitte l'école de bonne heure pour entrer dans la vie active. Il n'est pas rare de commencer à travailler à 14 ou 15 ans. On peut aussi s'orienter vers une école professionnelle ou un apprentissage. En complément, on suit en principe un cours professionnel. Au bout du chemin, à peine 3 % d'entre nous obtiendront le baccalauréat.

Notre classe de quatrième.

Le kiosque.

Les Français papivores

Dans les années 1930, les kiosques à journaux sont bien fournis et la presse est prospère. Il existe à Paris une trentaine de quotidiens politiques, dont plus de la moitié tirent à plus de 100 000 exemplaires ; en province, plus de 175 quotidiens sont publiés. Le pays consomme près de 500 000 tonnes de papier journal par jour.
En 1936, Paris-Soir, *racheté en 1930 par Jean Prouvost, tire à deux millions d'exemplaires. On peut y lire des articles signés d'auteurs prestigieux comme Blaise Cendrars, Antoine de Saint-Exupéry ou Joseph Kessel. Le 9 octobre 1934, lorsque le roi Alexandre de Yougoslavie et le ministre français des Affaires étrangères, Louis Barthou, sont assassinés à Marseille, une édition spéciale agrémentée de photographies est mise en vente deux heures seulement après l'attentat. Si* Le Petit Parisien *fait les frais de cette concurrence, il se maintient néanmoins à un million d'exemplaires vendus chaque jour ! Quant aux magazines, ils ne sont pas en reste.* L'Illustration, *fondé au milieu du XXe siècle, rencontre un vif succès avec l'essor de la photographie de presse et de la technique de la photogravure.* Le Miroir du monde, Regards *et* Match *proposent chaque semaine à leurs lecteurs des reportages photographiques. Chaque membre de la famille peut désormais trouver le magazine qui lui correspond :* Bayard, Bernadette *et* Cœurs vaillants *pour les bambins,* Le Petit Écho de la mode, Modes et Travaux *pour la maman... En 1938,* Confidences *fait une apparition remarquée chez les marchands de journaux. Tout un programme !*

En rang et en culotte

Ces années d'école sont enrichissantes. Les filles poursuivent leur apprentissage de la couture et de la cuisine. Une fois par mois, nous allons au marché faire les courses et noter les prix, puis nous confectionnons un repas avec les produits achetés. Du côté des garçons, on se perfectionne en menuiserie. Les leçons de gymnastique nous permettent de nous défouler un peu et, alors que nos corps commencent à changer, nous découvrons la corde lisse ou à nœuds, les anneaux, les espaliers et les échelles horizontales. Parfois le professeur nous emmène au stade, en rang et en silence : nous aimons courir dans ce grand espace aménagé et mesurer nos forces à celles de nos camarades lors du saut en hauteur. Bien entendu, notre équipement est des plus sommaires et nos chaussures de sport sont nos chaussures habituelles ou, dans le meilleur des cas, des espadrilles.

Pour s'assurer que nous sommes en bonne santé et que nos corps poussent comme il faut, on nous impose une fois par an une visite médicale. En rang et en culotte, nous en profitons pour inspecter la progression de la maturité chez nos camarades. Bilan : Odette a dépassé Denise en taille, Jeanne a plus de poitrine qu'Yvonne et la pauvre Madeleine est toujours aussi maigrichonne. Jean et André ont pu comparer leurs biceps, et il n'a échappé à personne que Jacques commençait à avoir quelques poils sur les jambes.

En réalité, certains étaient déjà au courant des ces détails anatomiques de toute première importance car, dans les grandes villes, certaines classes ont la chance d'aller à la piscine. Apprendre à nager est aussi un pas vers l'autonomie que certains, à la campagne, franchissent en faisant trempette dans la rivière. Enfin, le vélo, que l'on apprend à manier dès que l'on est en âge de grimper sur une bicyclette d'adulte, nous ouvre de nouveaux horizons. L'apprentissage se fait sur le tas, avec l'aide d'un aîné dont les explications se résument à : « Vas-y lance-toi, tiens bien le guidon et lève les pieds. » Quelques chutes et autres frayeurs plus tard, nous voilà partis tout seuls sur les chemins.

Vive les congés payés !

Balade près de
la Concorde.

Un dimanche qui n'en finit pas

Pendant que nous grandissons, nos parents se voient confrontés à des événements politiques et sociaux de première importance. La crise des années 1930 s'intensifie et il n'est pas rare que nos pères se retrouvent brutalement au chômage. Le climat politique est très tendu. Les ligues s'affrontent, notamment l'Action française et les Croix de feu et, en février 1934, place de la Concorde à Paris, des manifestations antiparlementaires accompagnent l'investiture d'Édouard Daladier. On dénombre 17 morts et près de 2 500 blessés. Toutes les familles parisiennes sont secouées par ces événements qui sont suivis de nombreuses grèves.

Très en vogue.

En 1936, le gouvernement de Front populaire fait voter les premiers congés payés. Pour des millions de foyers modestes, ce sera la première fois que le père de famille cessera de travailler, lui qui ne s'arrête jamais, même le dimanche. Justement, ces deux semaines de congés ressemblent à un très long dimanche qui n'en finit pas. Ici, on se promène longuement en famille autour de chez soi, on prend son temps, on se repose. Ailleurs, on s'offre une escapade à la campagne ou à la mer. Qui aurait pu imaginer qu'on puisse un jour être payé pour se reposer ?

Adolescents d'autrefois.

Vers la maturité, **envers et contre tout**

Le fer à friser fait fureur.

Pâques avant les Rameaux

Nous voilà jeune homme ou jeune fille. S'il nous faudra attendre nos 21 ans pour être majeurs, certains d'entre nous ne vont pas tarder à se marier – si leurs parents les y autorisent. D'une manière générale, la consigne est très claire : interdiction formelle de « se fréquenter » entre garçons et filles. Tout ce qui touche à la sexualité est tabou. À de très rares exceptions près, on ne nous a rien expliqué sur ce sujet. Pourtant, les premiers émois s'annoncent.

Chronologie

Mars 1939
Hitler annonce l'Anschluss, le rattachement de l'Autriche à l'Allemagne.

Mars 1939
L'Allemagne envahit la Tchécoslovaquie.

Août 1939
L'Allemagne et l'URSS signent un pacte de non-agression.

3 septembre 1939
La France, l'Angleterre, l'Australie et la Nouvelle-Zélande déclarent la guerre à l'Allemagne, après qu'elle a envahi la Pologne.

10 mai 1940
Les armées allemandes lancent une grande offensive à l'ouest, vers les Pays-Bas, la Belgique, le Luxembourg et la France ; c'est le début de la bataille de France.

14 juin 1940
L'armée allemande atteint Paris, déclarée ville ouverte.

18 juin 1940
Le général de Gaulle lance, depuis Londres, un appel à la Résistance.

22 juin 1940
L'armistice est signé à Rethondes.

10 juillet 1940
Les parlementaires des deux Chambres votent les pleins pouvoirs au maréchal Pétain, ainsi qu'une loi constitutionnelle permettant l'instauration d'un nouveau régime, l'État français, et la fin de la IIIe République.

Mai 1941
Les Juifs doivent porter l'étoile jaune en zone occupée.

Mai 1941
Fin de la bataille d'Angleterre, engagée à l'été 1940 par les forces aériennes de la Wehrmacht. Malgré les destructions et les nombreuses victimes, le Royaume-Uni ne plie pas.

Juin 1941
L'Allemagne attaque l'Union soviétique.

Décembre 1941
Une grande partie de la flotte américaine de la base de Pearl Harbour, à Hawaï, est détruite par une attaque aérienne japonaise surprise.

Juillet 1942
Environ 300 000 Juifs polonais sont déportés à Treblinka et à Belzec.

Novembre 1942
Les Américains débarquent en Afrique du Nord.

L'amitié.

Côté filles, nos premières règles sont parfois arrivées par surprise, sans même que nous ayons été préparées ni prévenues. Côté garçons, monsieur le curé insiste, à confesse, sur « les mauvaises pensées ». Et on est prié de se coucher les bras par-dessus l'édredon.

L'interdit qui règne n'empêche pas les premières expériences. Notre amie Denise, âgée de 17 ans, a rencontré un garçon lors de nos séances hebdomadaires de piscine. Il nous raccompagne à la maison, ce qui permet à une voisine indiscrète d'intercepter entre eux un regard langoureux. Rapport

Effets de col.

immédiat à la mère de l'intéressée. Verdict : interdiction formelle de retourner à la piscine.

Un jour, des voisins fêtent dans leur grand jardin l'anniversaire de leur petit dernier et nous y convient. Au menu des festivités, entre gâteaux et distractions diverses, le jeu de la couverture. Il s'agit de recouvrir un groupe de convives, dont des « plus grands », d'une couverture, et d'identifier à tâtons qui est ainsi recouvert. Cette autre forme de tâtonnement expérimental échauffe un peu les sens : lorsque la prude grand-tante, qui s'est trouvé une vocation dans la préservation de la pureté des jeunes âmes, découvre ce spectacle, elle renvoie tout le monde au chamboule-tout et à la course en sac.

L'éveil à la séduction se fait donc avec les moyens du bord. Le maquillage est interdit aux jeunes filles : heureusement que la fille de la concierge a pu nous y initier en cachette. Enfermées à double tour dans sa chambre, nous avons inauguré, lors d'une cérémonie secrète, son appareil à allonger les cils. Quel effet ! On en profite pour chiper un peu de parfum à une tante. Vers 15 ans, nos mères se montrent toutefois magnanimes en nous offrant notre première permanente ou une séance de fer à friser. En effet, la mode des cheveux courts a laissé place à des cheveux plus longs et bouclés. Les garçons, de leur côté, misent sur leurs avant-bras qui s'élargissent, sur leur col de chemise recouvrant le col de la veste et sur l'élégance de leur pantalon de golf.

Mais tout ce petit monde s'éveille peu à peu. À la campagne, en été, les longues promenades à vélo groupées offrent parfois l'occasion de faire son éducation sexuelle sur le tas et d'expérimenter quelques premiers apprentissages. Sans perdre de vue, néanmoins, que la jeune fille doit rester vierge jusqu'au mariage. Et que « faire Pâques avant les Rameaux » serait déshonorant pour la famille !

La chaussette roule sur la cheville.

Balade à vélo.

Si la capote anglaise existe déjà, elle est interdite par la loi depuis 1920 et associée à l'idée d'une sexualité vénale. Tout le monde est au courant de la liaison du grand-père avec la bonne et la double vie de la patronne du café n'est un secret pour personne. Mais on cancane en toute discrétion et rien ne doit venir ébranler l'apparente stabilité des familles. Quant au divorce, il est rare, et mal vu. Moralement, il peut jeter le discrédit sur la famille. Économiquement, il en menace le précaire équilibre.

Rien n'est perdu.

A TOUS LES FRANÇAIS

La France a perdu une bataille!
Mais la France n'a pas perdu la guerre!

Des gouvernants de rencontre ont pu capituler, cédant à la panique, oubliant l'honneur, livrant le pays à la servitude. Cependant, rien n'est perdu!

Rien n'est perdu, parce que cette guerre est une guerre mondiale. Dans l'univers libre, des forces immenses n'ont pas encore donné. Un jour, ces forces écraseront l'ennemi. Il faut que la France, ce jour-là, soit présente à la victoire. Alors, elle retrouvera sa liberté et sa grandeur. Tel est mon but, mon seul but!

Voilà pourquoi je convie tous les Français, où qu'ils se trouvent, à s'unir à moi dans l'action, dans le sacrifice et dans l'espérance.

Notre patrie est en péril de mort.
Luttons tous pour la sauver!

VIVE LA FRANCE !

C. de Gaulle

GÉNÉRAL DE GAULLE

18 Juin 1940

QUARTIER-GÉNÉRAL,
4, CARLTON GARDENS,
LONDON, S.W.1

L'Appel du 22 juin

Nous avons tous entendu au moins un extrait de l'Appel du 18 juin 1940 lancé par le général de Gaulle sur les ondes de la BBC. Dans ce vibrant discours patriotique, il invite les Français à ne pas cesser le combat et à ne pas désespérer. En réalité, ce discours n'a pas été enregistré. Seul en a été conservé le texte manuscrit, qui comporte quatre feuillets. Dans ces conditions, comment se fait-il que ce discours soit parvenu jusqu'aux oreilles de tous nos compatriotes ou presque, y compris celles de ceux qui n'étaient pas nés à l'époque ? L'Appel que nous connaissons est celui du… 22 juin, prononcé dans les mêmes conditions, par le même général de Gaulle.
Si le contenu des deux discours est probablement identique, le contexte a changé durant ces quatre jours : le 18 juin, de Gaulle et Churchill savent que la France a demandé un armistice deux jours plus tôt. Mais le 22 juin, la France a capitulé pour de bon, l'armistice ayant été signé le jour même à Rethondes.
Le 18 juin, le général dit : « Les mêmes moyens qui nous ont vaincus peuvent faire venir un jour la victoire ! » ; le 22 juin, il déclare : « Les mêmes conditions de la guerre qui nous ont fait battre par cinq mille avions et six mille chars peuvent nous donner, demain, la victoire par vingt mille chars et vingt mille avions. » On le voit, le message est le même, mais la forme est plus imagée. L'Appel du 18 juin se termine par « Demain, comme aujourd'hui, je parlerai à la Radio de Londres » ; le 22 juin, la chute est plus percutante : « Vive la France libre dans l'honneur et dans l'indépendance ! »

Andromaque se parfume à la lavande

Brutalement, le climat général du pays nous détourne de nos préoccupations fleur bleue. En 1938, la conférence de Munich a laissé le champ libre à Hitler pour démanteler la Tchécoslovaquie. Daladier et Chamberlain ont sous-estimé le danger et paient une paix éphémère au prix fort. Churchill les avait pourtant mis en garde : « Vous avez voulu éviter la guerre au prix du déshonneur. Vous avez le déshonneur et vous aurez la guerre. »

En mars 1939, nous voyons dans les actualités cinématographiques qui précèdent le film l'entrée d'Hitler à Prague. Debout dans une automobile, il salue une foule en liesse qui agite des drapeaux nazis. « Le président tchécoslovaque met avec confiance le sort du pays tchèque entre les mains du Führer du Reich allemand », explique le commentateur. Nous sentons bien que l'inquiétude grandit chez nos parents.

Puis, tout va très vite. Un matin de septembre 1939, nous découvrons les affiches qui lancent « l'ordre de mobilisation générale pour le mercredi 2 septembre à zéro heure ». Le lendemain, la guerre est déclarée et notre jeunesse prend un nouveau tournant. Il y a les grands frères mobilisés, la voiture réquisitionnée que nous ne récupérerons jamais, les incertitudes qui pèsent sur la rentrée scolaire.

Beaucoup d'entre nous ne mesureront concrètement ce qu'est la guerre qu'à partir de juin 1940. En entendant l'annonce à la radio, par le maréchal Pétain, de la signature de l'armistice, notre père, ancien combattant de 1914-1918, arrache son portrait qui trônait dans notre salon et le jette au feu. Les dîners et les soirées se font de plus en plus silencieux et nous sommes pendus aux nouvelles données par la radio.

Nous avons, par la suite, tellement parlé de la guerre et entendu tant d'histoires à ce sujet qu'il est difficile, aujourd'hui, de démêler nos souvenirs personnels des souvenirs collectifs que nous nous sommes appropriés. Ce qui est sûr,

Une voiture miraculeuse.

L'appel de la route.

c'est que nous avons écouté les programmes émis par la BBC à destination de la France. L'Appel du 18 juin, bien sûr, « Les Français parlent aux Français » et « Radio Paris ment » sur l'air de *La Cucaracha*... Mais aussi les messages codés pleins de poésie, comme « La fée a un joli sourire » ou « Andromaque se parfume à la lavande »... Nous n'en comprenons pas le sens, mais savons qu'il se joue là quelque chose d'important. Quant à Radio Paris et Radio Vichy, elles déversent leur propagande. « Et l'Angleterre, comme Carthage, sera détruite », y explique chaque jour un journaliste.

En mai 1941, sur ordre du Generalleutnant Hermann Niehoff, on confisque leur poste à tous les habitants de Lille et de ses environs.

Ce qui nous a le plus marqués, pour ceux qui l'ont vécu, c'est le grand départ en juin 1940. Ma famille quitte Paris à pied pour l'Allier. Mes parents ont acheté un triporteur sur lequel nous avons chargé nos affaires. En chemin, nous dormons dans des fermes où l'on nous offre à manger avec gentillesse. Un jour, un indélicat nous vole notre véhicule de fortune. À environ 120 km de Paris, la grand-mère et les deux plus jeunes enfants de la famille sont pris à bord d'une charrette, et nous les perdons. Nos parents resteront sans nouvelles d'eux pendant un mois. Revenus à Paris, morts d'inquiétude, ils éprouvent un faible espoir lorsqu'un géomancien les dit vivants et en lieu sûr. En effet, il ne s'est pas trompé : la grand-mère et les deux petits ont poursuivi leur chemin à bord de la charrette hospitalière et sont arrivés à destination sains et saufs.

Une autre famille part à vélo et dort sous une tente tout au long du chemin. On parle à tout le monde, on se donne un coup de main, et on suit ce grand flot de gens.

Deux enfants, une valise et un trésor

Irène Némirovsky est devenue célèbre avec la parution et le succès, en 1929, de *David Golder*. Malgré sa notoriété et ses demandes, l'État français refuse de lui accorder la nationalité française. Bien que baptisée en 1939, elle est en effet considérée comme juive et se voit interdite de publication dès l'entrée en vigueur de la loi sur le statut des Juifs, en octobre 1940. Son mari perd alors le poste qu'il occupait au sein d'une grande banque.

En 1940, le couple rejoint ses deux filles, Élisabeth et Denise, âgées de 3 et 11 ans, dans un village en Saône-et-Loire où elles sont à l'abri depuis 1939 auprès de leur nounou. Entre 1940 et 1942, Irène Némirovsky lit, écrit une biographie d'Anton Tchekhov et publie des nouvelles sous différents pseudonymes. Dès mai 1942, tous les membres de sa famille doivent porter l'étoile jaune. En juillet de la même année, l'écrivaine est arrêtée et déportée. Ce sera le cas de son époux trois mois plus tard. Les deux fillettes, recherchées, sont cachées dans un pensionnat catholique, puis dans des caves. Une valise appartenant à la famille les suit à chaque étape de leur fuite, où se trouve le manuscrit d'un grand roman intitulé *Suite française*. Cette œuvre livre un portrait sans concession de la France occupée et un récit de l'exode. Il comporte également des « Notes sur l'état de la France ».

À la Libération, les deux enfants attendent en vain le retour de leurs parents. Après soixante années de deuil durant lesquelles le cahier du manuscrit est demeuré fermé, *Suite française* est publié en 2004 et obtient le prix Renaudot.

Irène Némirovsky en 1938.

Chantiers de jeunesse.

Chantiers de jeunesse et STO

Ceux d'entre nous qui vivent en zone occupée débarquent donc avec quelques affaires et les semelles bien usées chez des cousins, une grand-mère ou des amis d'enfance vivant à la campagne. Ceux qui vivent en zone libre n'ont jamais reçu autant de visiteurs. Alors on se serre, on partage ce qu'on a et on apprend à se connaître. Beaucoup regagneront rapidement leurs pénates, las d'attendre... D'ailleurs, qu'attend-on au juste ?

Les jeunes gens de notre âge sont dispersés. Pour beaucoup, la vie continue. Les cours ont repris et on nous fait chanter *Maréchal nous voilà* ; seuls quelques culottés refusent d'obtempérer. Certains jeunes gens ont pu filer à Londres. D'autres ont pris le maquis et réapparaissent de temps en temps, dans la plus grande discrétion. D'autres encore ont été envoyés sur les chantiers de jeunesse ou au STO. Un de nos cousins, dessinateur industriel, se retrouve à Hambourg. Il loge chez un brave couple d'Allemands dont le fils, du même âge que lui, est soldat. Un soir, alors que le couple s'est absenté, la maison est bombardée et entièrement détruite. Notre cousin en profite pour s'esquiver, non sans être allé, auparavant, accueillir ces braves gens à la gare pour leur annoncer la triste nouvelle.

Loufoque !

Le chansonnier Pierre Dac, qui se produit au théâtre et au cabaret depuis le début des années 1920, a remporté un vif succès avec sa Phèdre. *À Hippolyte qui lui déclare avoir « le désespoir au cœur », Phèdre répond qu'elle a « le feu au… ».*
En 1938, Dac crée une revue satirique intitulée L'Os à moelle, *qui paraît chaque vendredi et est bientôt diffusée à 400 000 exemplaires. Ses rédacteurs ont pour dessein d'être « loufoques mais pas fous ». L'adjectif « loufoque » est emprunté à l'argot des bouchers (louchébem) qu'employait le père de Dac, et que ce dernier popularise. Il conquiert également le public sur les ondes de Radio Cité et du Poste parisien, avec des émissions humoristiques comme « La Course au trésor » et « La Société des loufoques ».*
En juin 1940, à l'arrivée des Allemands, L'Os à moelle *cesse de paraître, après avoir dépassé les cent numéros. De leur côté, les voix du Poste parisien ne peuvent plus être diffusées. Pierre Dac a entendu l'Appel du 18 juin et cherche à rejoindre le général de Gaulle à Londres. Il se rend à Toulouse, tente de franchir les Pyrénées et est fait prisonnier à deux reprises. Il s'évade puis est échangé, avec d'autres prisonniers, contre du blé. Après une traversée du Portugal, il finit par rejoindre Alger… puis Londres, « sa Terre promise ».*
À partir de 1943, il deviendra une voix familière de l'émission quotidienne « Les Français parlent aux Français » diffusée à partir du 14 juillet 1940. Ses parodies de chansons et de slogans et ses joutes verbales avec la collaboration sont restés célèbres jusqu'à ce jour. Parmi elles, la fameuse Cucaracha *dont Jean Oberlé a réécrit les paroles : « Radio Paris ment, Radio Paris ment, Radio Paris est allemand. »*

Pierre Dac, le père de *L'Os à moelle*, « loufoque mais pas fou », en 1937.

La queue pour acheter de la nourriture.

La guerre au jour le jour

Il nous reste aussi de ces années le souvenir d'un creux dans l'estomac. Est-ce lié au fait que notre croissance se poursuit ? Ou parce que nous avons de moins en moins à manger ? En tous cas cette faim, plus ou moins tenace selon que nous vivions en ville ou à la campagne, que nos parents possédaient ou non un jardin potager, voire les moyens de faire des emplettes au marché noir, nous a marqués. Et aujourd'hui encore, nous finissons scrupuleusement notre pain ou notre savon, sans rien gâcher.

Bien sûr, nos parents et les commerçants sont pleins d'imagination pour pallier ce manque de tout et trouver des substituts. Comestibles, mais parfois difficiles à avaler : les rutabagas et les topinambours (comment diable a-t-on pu les remettre à la mode ces dernières années ?), les gâteaux de pâtes, le pain noir ou encore la chicorée. Un père de famille peut aller de Lille en Normandie à vélo pour rapporter du beurre à ses huit enfants ! Un soir, un autre père, pourtant peu enclin aux activités clandestines, mais encouragé par les jambes de plus en plus maigrichonnes de ses cinq enfants, participe à l'abattage clandestin d'un mouton dans une cave en compagnie de voisins avec qui on se partagera le butin. Quant au troc de tickets de rationnement, il va bon train…

Il y a la faim, mais aussi le froid, notamment dans le nord de la France où le charbon se fait rare : l'hiver 1942 sera glacial.

Lors des alertes, on file se mettre à l'abri à la cave ou dans le métro. Et on s'inquiète dès que l'un ou l'autre tarde à rentrer. Certains camarades ne rentreront d'ailleurs jamais. Nous avons vu des gens porter l'étoile jaune et monter dans des camions, et des familles entières disparaître. La mère d'une amie, Juive mariée à un non Juif, perd son travail dès le début de l'Occupation. En 1942, elle doit se cacher dans un appartement vide où son mari la ravitaille de nuit pour ne pas être vu. Elle échappera au pire.

Environ 80 000 Juifs de France ont été arrêtés. Certains ont été assassinés sur le champ, d'autres déportés. Seuls 2 500 d'entre eux reviendront des camps de la mort. Nous connaissons tous de près ou de loin une de ces familles meurtries. Mais certains d'entre nous ne découvriront l'ampleur du massacre qu'aux actualités cinématographiques de la fin de la guerre.

Copains dans la tourmente.

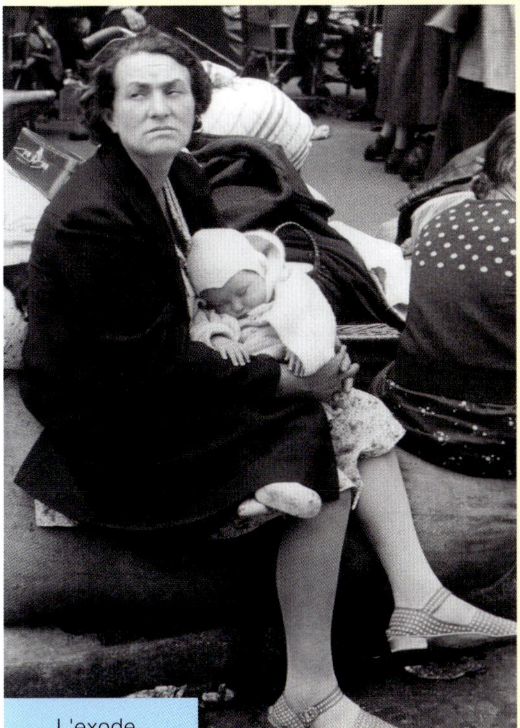

L'exode.

Heureusement, entre juin et août 1944, la France sera peu à peu libérée. Libération qui suscitera une liesse d'une ampleur inédite dans les villes et les villages de France. Embrassades dans tous les sens, visages souriants, soulagement partagé, tirs en l'air, musique dans la rue... Nous danserons à tous les coins de rue jusqu'à l'épuisement. Mais nos braves jambes tiendront le coup et, fortes de cet entraînement, resteront toujours prêtes à entamer une valse. Bon pied, bon œil, telle est notre devise.